톨스토이 인생론

인생을 어떻게 살 것인가

톨스토이 _ 유명우 엮음

아이템북스

머리말

    우리는 누구나 세상에 태어나서 인생이라는 항해를 하지 않으면 안 된다. 인생이라는 바다에서 항해하다 보면 항상 잔잔한 바람이 불어오는 바다만을 만날 수 없다. 항해하는 도중에 거친 풍랑을 만났을 때 어느 날 갑자기 온갖 어려움이 당신을 찾아올 것이다. 이때 세계 역사에 위대한 발자취를 남긴 선현들의 짧은 명언은 당신에게 그 무엇보다 값진 보배가 될 수 있다.
  반드시 이런 이유가 아니더라도 순탄하지 않은 삶의 길 한편에서 선현들이 남긴 명언은 우리의 삶을 밝고 훈훈하게 해주는 모닥불이 된다.

    이 책에는 톨스토이가 남긴 명언을 중심으로 동양과 서양의 고금의 명언 가운데 인생을 살아가는데 있어 꼭 필요한 명언을 발췌하여 수록하였다. 명언을 남긴 성현들도 작가, 정치가에서부터 기업가 · 군인 · 화가에 이르기까지 매우 다양하다. 이러한 사람들이 각각의 입장에서 느낀 명언들을 수록하였다.
    명언은 사상가 · 철학자 · 정치가 · 시인 · 작가들이 후세의 사람들을 위해 쓴 것이 아니라 그 자신의 온갖 역경을 통해 체험한 주옥 같은 삶의 결정체이다.

우리가 인생을 살아가면서 가장 많이 고뇌하고 번민하는 사랑과 우정에 관한 명언, 인생의 전환점이 되는 결혼과 가정에 관한 명언, 철학자나 예술가들이 그들의 평생을 바쳐온 예술과 학문에 대한 명언, 인생을 살아가면서 우리의 삶을 풍요롭게 해주는 독서와 교양에 관한 명언, 그리고 처세와 교훈, 노동과 성공, 정치와 사회에 관한 명언, 역경과 고난에 슬기롭게 대처할 수 있는 명언, 우리가 아무리 탐구해도 그 끝을 알 수 없는 인간과 삶에 관한 명언들을 실었다.
　인생이라는 긴 여행을 하다 보면 우리 앞에는 항상 어려움이 놓여 있다. 어쩌면 우리는 순간순간의 선택으로 인생을 살아가는 것일지도 모른다. 인생의 주인은 바로 당신 자신이므로 여기에 있는 주옥 같은 명언은 당신이 인생의 갈림길에서 방황하고 망설일 때, 당신을 반드시 올바른 길로 이끌어 주는 이정표의 구실을 할 수 있을 것으로 확신한다.

　이 책은 세상의 선과 악, 전쟁과 평화, 부와 가난, 예술과 학문, 사랑과 종교, 그리고 행복 등을 아우르며 살아가는데 지혜를 불어넣어 당신의 삶의 의미를 한층 더 깨닫게 해 줄 것이다.

인생을 어떻게 살 것인가

우리의 삶에 의미가 있다면 _ 7

사랑과 행복이란 _ 47

인간의 길, 삶의 길 _ 74

사람은 어떻게 살아야 하는가 _ 123

위대하고 진실한 것은 소박하다 _ 177

자기 완성의 길 _ 211

주머니 속의 큰 행복 _ 245

우리를 영원케 하는 한 마디 말 _ 266

우리의 삶에 의미가 있다면

'눈은 눈으로, 이는 이로' 라 하신 말씀을 너희들은 들었다. 그러나 나는 이렇게 말한다. 결코 어떤 일이 있어도 상대에게 앙갚음 하지 마라. 누가 오른뺨을 치거든 왼뺨마저 내밀어라.

— 마태복음

✤

가끔 가장 많이 배운 사람들이 그 지식 때문에, 자신뿐만 아니라 모든 사람에게 필요한 진리를 받아들일 수 있는 힘을 잃고 있다. 그러나 이에 비해, 가장 단순하고 배우지 못해 교양 없는 사람들이 가끔 지극히 간단 명료하게, 의식적으로 그리고 쉽게, 진리에 알맞는 인생의 가르침을 받아들이고 있다.

— 톨스토이

✤

매사에 감사하는 기쁨이야말로 신에 대한 가장 큰 선물이다.

— 레싱

✤

격렬한 다툼은 마치 둑을 무너뜨리는 물줄기 같다. 한 번 넘치기 시작한 물은 아무도 막지 못한다.

— 탈무드

겸손한 사람일수록 사람을 필요한 곳에 잘 쓸 줄 안다. 이것을 다툼이 없는 덕이라 한다. 이것은 곧 하늘과의 화합이다.

– 노자

고대 사회의 기초는 폭력이었지만 현대 사회의 올바른 기초는 이성적인 화합과 폭력의 부정이다.

– 톨스토이

고통이 너를 덮칠 때는 어떻게 해서 그 고통에서 벗어날 것인가 하는 것보다 네가 도덕적으로 더욱 완전해지기 위해 그 고통이 무엇을, 그리고 어떤 노력을 너에게 요구하고 있는지 곰곰이 생각해 보라.

– 톨스토이

그 사람이 무엇을 제일 부끄러워하고 무엇을 제일 부끄러워하지 않는가 하는 것만큼 그 사람이 가진 인격을 적나라하게 나타내는 것은 없다.

– 톨스토이

권력을 얻고 권력을 유지하기 위해서는 권력을 사랑하여야만 한다. 권력욕은 성실과는 상관없고, 거만, 잔인 등의 성질과는 반대되는 사실을 초래한다. 자기를 높이고 남을 낮추는 일 없이는 어떠한 권력도 생길 수 없고 결코 유지될 수도 없다.

– 톨스토이

남의 노동을 도둑질하지 않으려면 자신이 남에게 받은 것만큼 그들에게 자신의 노동을 반드시 제공하여야 한다.
남의 노력을 될 수 있는 대로 적게 받고, 자신의 노력은 될 수 있는 대로 많이 주도록 애써야 한다.

— 톨스토이

⚜

깊이 감추어 둔 것은 언젠인가는 드러나게 마련이고, 비밀은 언젠가는 알려져서 마침내 세상에 모습을 드러나게 마련이다.

— 누가복음

⚜

나는 농부들을 몹시 사랑한다. 그들은 자신의 잘못된 판단을 내릴 만큼 많이 배우지 않았기 때문이다.

— 몽테뉴

⚜

너는 그르고 나는 옳다고 말하는 것은 사람이 사람에게 할 수 있는 말 중에서 가장 잔인한 말이다. 특히 그러한 말이 인생에서 가장 중요한 문제일 경우 더욱 그렇다. 그런데 종교에 대해 논쟁을 벌이는 사람들이 바로 그 잔인한 말을 서로 거침없이 내뱉고 있다.

— 톨스토이

⚜

나쁜 일을 숨기는 것은 좋지 결코 않지만 나쁜 짓을 저지르고 그것을 떳떳하게 남에게 과시하는 것은 더욱 좋지 않다.

— 톨스토이

남에게 베푸는 것이 선善인 것은, 그것이 노동의 결실인 경우뿐이다.

— 톨스토이

✤

남에게 부끄러워하는 것은 결코 좋은 일이다. 그러나 자기 자신에게 부끄러워하는 것은 더욱더 좋은 일이다.

— 톨스토이

✤

남을 비난하지 않는 데는 약간의 노력이면 충분하다. 남을 비난하지 않는 사람의 생활은 참으로 당당하다. 그런데 그러한 사람을 세상에서 찾아보기 힘들다.

— 톨스토이

✤

내가 너에게 준 것은 너의 것이지만, 네가 손에 꽉 움켜쥐고 있는 것은 이미 잃은 물건이다.

— 동양 금연

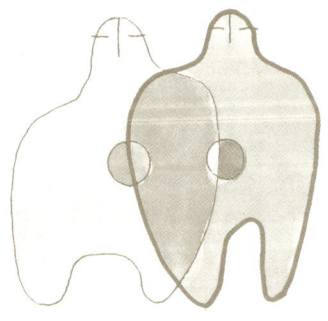

너와 네가 손에 넣은 물건은 네 형제의 손에 의해 만들어진 것으로서 그 노력에 경의를 표하지 않으면 안 된다. 그 경의는 네가 형제들의 노력의 산물을 귀하게 다루고, 그들에게 자신의 노력을 바치는 것을 통해서만 나타낼 수 있다.

— 러스킨

⚜

너희는 일부러 남들이 보는 앞에서 선한 일을 베푸는 일이 없도록 하라. 그렇지 않으면 하늘에 계신 아버지에게서 아무런 상도 받지 못한다. 자선을 베풀 때에는 위선자들이 칭찬받으려고 거리에서 하듯이 스스로 나팔을 불지 말라. 나는 분명히 말한다. 그들은 이미 받을 상을 다 받았다.

— 마태복음

⚜

네 영혼 속에 있는 자신 스스로를 불멸의 존재로 인식하고 죽음을 두려워하지 않는 부분에 의해 살라. 영혼 속의 그 부분은 곧 사랑이다.

— 톨스토이

⚜

논쟁을 벌일 때 노여움을 느끼기 시작하면 우리는 이미 진리를 위해서가 아니라 오직 자신을 위해 논쟁을 벌이게 된다.

— 칼라일

⚜

말이 적으면 적을수록 실천은 많아진다.

— 톨스토이

논쟁을 벌일 때는 말은 부드럽게, 논리는 분명하게 말하는 것이 좋다. 절대로 상대방을 화나게 하지 말고 그를 설득하는 것이 중요하다.

— 윌킨스

⚜

달라는 사람에게는 아낌없이 주고 빼앗는 사람에게는 되받으려 하지 말라. 너희는 남이 바라는 대로 남에게 해 주어라.

— 누가복음

⚜

당신이 만약 진리를 알고 있다면, 혹은 진리를 알고 있다고 생각한다면 그것을 될 수 있는 대로 간결하고 가능한 한 부드럽게, 애정을 가지고 진리를 전하는 것이 좋다.

— 톨스토이

⚜

모기가 불에 날아드는 것은 날개가 불에 탈 줄을 모르기 때문이다. 물고기가 낚싯밥을 삼키는 것은 그로 인하여 자기가 죽을 줄 모르기 때문이다. 그런데 우리는 음탕한 육욕에 얽히면 반드시 몸을 망친다는 것을 알면서도 곧장 육욕에 빠지는 것이다.

— 톨스토이

⚜

도덕적인 사람은 자신에게 지워진 무거운 짐을 벗기 위해 자신이 맡은 사명을 반드시 실천한다. 자신의 사명을 다했을 때 비로소 그 짐에서 벗어날 수 있다.

— 에머슨

먼저 깊이 생각한 뒤 말하라! 상대로부터 "이제 그만"이라는 말을 듣기 전에 그쳐라. 사람이 동물보다 나은 것은 말하는 능력이 있기 때문이다. 만약 이것을 나쁜 데 사용한다면 사람은 동물보다 못한 존재가 될 것이다.

— 사디

⚜

돈을 가지는 데도 여러 가지 방법이 있다. 소위 돈을 번다는 사람은 주머니에 한푼도 없게 되었을 때에도 자기 자신이라는 재산만은 가지고 있다.

— 알랑

⚜

마땅히 사랑해야 하는 데도 나를 이렇게 증오하고 괴롭히고 있는 인류 형제들 때문에 몹시 괴로워하며 죽어 가고 있다는 것을 아는 것은 참으로 끔찍한 비극이다! 그것은 마치 자살하는 사람이 경험하는 감정과 비슷하다.

— 톨스토이

⚜

만일 네가 의식적으로 모든 사람들에게 친절하지 않다면, 가끔 무의식적으로 많은 사람들을 잔인하게 대할 것이다.

— 러스킨

⚜

말이 많은 사람은 결코 자신의 말을 실천하지 않는다. 어진 사람은 자신의 말이 행동을 앞지르는 것을 항상 두려워한다.

— 중국의 지혜

말하는 쪽은 비록 어리석은 자라도 듣는 사람은 현명해야 한다. 상대에 대한 응대는 증오를 멀리한다. 그러나 상대에게 모욕적인 말은 마침내 분노를 불러일으킨다.

– 톨스토이

✤

세상의 온갖 명성이나, 좋은 술이나, 사랑이나, 지성보다도 더 귀하고 나를 행복하게 해 준 것은 우정이었다.

– 헤세

✤

모든 선한 일은 곧 자비이다. 목마른 자에게 물을 주는 것도 자비이다. 길에 굴러다니는 돌멩이를 치우는 것도 자비이다. 덕을 베풀라고 이웃에게 권하는 것 역시 자비이다. 그리고 이웃의 얼굴을 보고 미소 짓는 것 또한 자비이다.

– 마호메트

✤

부처는 제자들에게 이렇게 말했다. "사색할 때도, 생활할 때도, 말을 할 때도, 배울 때도 이성의 요구를 잊은 적이 없다"고.

– 톨스토이

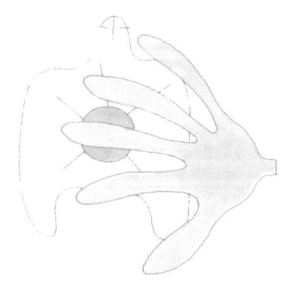

무엇을 먹거나 무엇을 사용하거나 그것은 모두 인간의 땀의 결정에서 나온 것이며, 그것을 낭비하거나 망가뜨리는 것은, 남의 땀의 결정을 무너뜨리고 인간의 생명을 허비하고 있는 것이나 다름없다는 것을 잊어서는 안 된다.

― 톨스토이

⚜

모욕, 비방, 분노는 마침내 마음을 어지럽힌다. 그러한 악에서 벗어날 수 있는 수단을 가지는 것이 꼭 필요하다. 불은 물질계의 모든 것을 없애지만 사랑은 정신계의 모든 것을 깨끗이 한다.

― 아미엘

⚜

친구가 있으면 친구와 더불어 포도주를 마시면서 한때를 보내고, 이 인생에 대하여 악의 없는 잡담을 나누는, 그것이 사람이 가지는 최선의 일이다.

― 헤세

⚜

불행은 곧 인생의 시금석이다.

― 플리처

⚜

사람들의 비난과 공격을 불러일으키는 행동은 그것이 사람들의 나쁜 행동을 불러일으킨다는 점에서는 잘못된 것이지만 한편으로 이웃에 대한 자신의 사랑의 유일한 시금석이 될 수 있다는 점에서 매우 긍정적이고 바람직한 것이라 할 수 있다.

― 톨스토이

사람들 앞에서 스스로 자신을 칭찬해도 안 되고 자신을 깎아내려서도 안 된다. 왜냐하면 자신을 칭찬하면 사람들은 곧 너를 믿지 않을 것이다. 또 자기를 깎아내리면 그들은 너를 네가 말하는 것보다 훨씬 더 형편없이 생각할 것이다. 그러므로 가장 좋은 방법은 자신에 대해서 아무 말도 하지 않는 것이다.

— 톨스토이

✛

부부 아닌 여자와의 성적 교섭은 남자에게 있어서 해로운가 하는 문제는 마치 남의 피를 마시는 것이 건강에 이로운가 해로운가 하는 것과 같다.

— 톨스토이

✛

자신의 전 재산을 사람들에게 나누어 준 사람이 주위 사람들에게 칭찬을 받았을 때 그는 이렇게 말했다.
"나는 칭찬받을 만한 일을 결코 한 적이 없다. 나는 다만 이제부터 건너야 할 강으로 가서, 내가 헤엄치기 편하도록 입은 옷을 벗었을 따름이다. 나는 이제부터 강을 어떻게 헤엄쳐서 건널 것인가가 문제이다."

— 톨스토이

✛

사람들은 자신이 선이라 생각하는 것을 실천하려고 노력하지 않고, 대부분 될 수 있는 한 가능하면 이 세상의 많은 것을 자신의 것으로 만들려고 노력한다.

— 톨스토이

사람들은 인생의 모든 잘못을 해결하고 인간에게 최대의 행복을 주는 감정을 잘 알고 있다. 그 감정은 곧 사랑이다.

— 톨스토이

✣

사람들이 안간힘을 쓰고 자신의 약점을 숨기려 하는 것은 대부분의 경우 나쁜 일이다.

— 톨스토이

✣

사람들을 조화롭게 하나가 되게 하는 것은 모두 선하고 아름다운 것이고, 이와 반대로 사람들을 분열시키는 것은 악하고 추한 것이다. 이러한 진리는 우리 마음 속에 깊이 새겨져 있기 때문에 누구나 잘 알고 있다.

— 톨스토이

✣

사람들이 자신이 해야 할 일과 행복이 어디에 있다고 생각하든, 학문은 바로 그 사명과 행복에 대해 배우는 것이다.

— 톨스토이

✣

사람들이 두렵고 자기 자신이 두려울 때, 어떻게 생각하고 행동해야 할지 갈피를 잡을 수 없을 때, 스스로에게 인생길에서 만나는 모든 사람을 사랑하도록 노력하라. 그러면 그대는 즉시 고통이 사라지고, 두려움도 사라지고, 자신의 방황도 사라지는 것을 알 수 있을 것이다.

— 톨스토이

사람을 만날 때, 상대로부터 인정과 칭찬이 아니라, 자신을 단련하고 자신의 오만함을 없애기 위해, 자신을 욕하고 꾸짖고 굴욕과 억울한 모함을 기대하는 습관을 항상 길러라.

— 톨스토이

✤

사람들이 비록 알아주거나 이해해 주지 않더라도 그것을 슬퍼하지 않는 것, 이것이야말로 참으로 덕이 있는 사람의 특징이다.

— 중국 금언

✤

사람들이 신을 모르는 것은 나쁜 일이다. 그러나 그보다 더 나쁜 것은 신이 아닌 것을 신으로 인정하는 일이다.

— 락탄티우스

✤

사람은 나이가 들수록 청춘 시절보다 오히려 힘에 부친다. 그렇다고 나는 청춘 시절을 의식하려 들지는 않는다. 왜냐하면 청춘은 거의 모든 꿈속에 굉장한 노래처럼 메아리치고 그 메아리는 청춘이 현실이었던 무렵보다도 지금 한층 청순한 맛을 띠니까.

— 헤세

사회 질서를 바로잡는 것은 반드시 사람들의 도덕적 완성에 의해서만 가능하다.

— 톨스토이

✤

사람은 서로 돕지 않고는 살 수 없다. 그것은 상호적인 것이어야 함에도 불구하고, 우리의 삶은 매우 복잡 미묘하여 어떤 사람들은 남을 돕고 어떤 사람들은 남의 도움을 받고 살고 있다.

— 톨스토이

✤

사람은 종교적, 정치적, 학문적으로 괴상하고 불합리한 입장을 옹호하는 것일까 하고 이상하게 여겨질 때가 종종 있지만, 잘 살펴보면 그저 자신의 처지를 옹호하는 호신술에 지나지 않는다는 것을 알 수 있다.

— 톨스토이

✤

사랑의 근본은 세상의 한 사람 한 사람이 모든 사람의 마음 속에 살아 있는 영적 본성의 동일성을 인정하는 것이다.

— 톨스토이

✤

사람이 자신이 저지른 행위를 복잡한 이론으로 설명하려 할 때는, 그 행위가 비록 나쁜 행위라는 것을 믿어도 된다. 양심의 결정은 항상 간단명료하고 솔직하다.

— 톨스토이

사랑은 인간을 자신으로부터, 자신의 자아로부터 탈출시킨다. 그러므로 자아가 몹시 고통스러울 때 사랑이 그 고통에서 벗어나게 한다.

— 톨스토이

✣

사랑은 죽음을 없애고 죽음을 곧장 사라지게 만든다. 사랑은 인생을 무의미한 것을 의미 있는 것으로 바꾸고, 불행을 행복으로 바꾸는 위대한 힘이 있다.

— 톨스토이

✣

사치에 익숙하지 않은 사람이 어쩌다 사치에 빠지면 남들에게 으스대고 싶어서, 자신의 이 정도의 사치는 당연한 것이고 결코 놀라운 일이 아니라는 듯이 행동한다. 그와 마찬가지로 삶의 기쁨에 대한 멸시를 자신의 고상한 인생관의 증거로 여기며, 인생에 대해 더 이상 흥미가 없고 인생보다 더 좋은 무언가를 생각하고 있는 척하는 어리석은 자들이 있다.

— 톨스토이

✣

선량한 것이야말로 진정한 부富이다. 평범한 재산은 선인이나 악인이나 다 가지고 있다. 참된 길에 서서 항상 선한 마음을 갖도록 노력하라. 선량한 마음을 지니고 사는 사람은 결코 어두운 세계, 슬픈 세계에 들어서지 않는다.

— 쿠랄

사람은 스스로 자신의 몸을 들어 올릴 수 없듯이 자신을 스스로 칭찬함으로써 결코 명성을 높일 수는 없다. 오히려 스스로 자신을 칭찬하면 칭찬할수록 사람들의 평가는 내려가는 것이다.

– 톨스토이

⚜

삶의 근원이 영혼이라는 것을 아는 자는 모든 위험의 밖에 있다. 삶의 마지막 순간에 감성의 문을 닫을 때도 그는 아무런 두려움도 느끼지 않는다.

– 노자

⚜

삶의 법칙을 지키는 것을 행복으로 여기는 사람에게는 세상 사람들이 행복으로 여기고 있는 모든 것을 빼앗아도 행복하다.

– 톨스토이

⚜

상대가 자신에게 욕하고 모욕을 주거든 기뻐하라. 그리고 칭찬하고 추켜세우면 두려워하고 슬퍼하라.

– 톨스토이

⚜

상대에게 변명할 수도 없는 온갖 비방과 모함을 받는 것은 선을 배우는 가장 좋은 공부이다.

– 톨스토이

⚜

속이 텅 빈 사람이 말이 많은 법이다.

– 톨스토이

선한 일은 인간의 본성과 자연스럽게 잘 어울린다. 그러므로 선한 일은 모두 꾸밈이 없고 결코 두드러지지 않는다.

― 톨스토이

✣

세속적인 목적을 위해서 사는 자에게도, 혼자서 정신적인 목적을 위해 사는 자에게도 마음의 평화는 없다. 세상의 사람들 속에서 신에 대한 봉사를 위해 사는 자만이 오직 마음의 진정한 평화를 얻을 수 있다.

― 톨스토이

✣

세계의 강자들은 그들의 앞에 무릎을 꿇고 있는 자들에게만 위대하게 생각되는 것이다. 그러므로 무릎을 일으키고 똑바로 서서 보면 그렇게 위대하게 보이던 자들이 자기와 똑같은 것을 알게 될 것이다. 국가 조직이 갖는 첫째의 악은 인간생활을 망치는 것이 아니라 사랑을 깨뜨리고 사람들 사이에 분열을 일으키는 점에 있다.

― 톨스토이

✣

선행 때문에 비난을 받아도 슬퍼하지 않고 오히려 그것을 기뻐하는 것은 그 무엇보다 가장 숭고하다.

― 아우렐리우스

✣

아아, 인생이란 숨을 거두기 전의 길고긴 한숨이다.

― 셰익스피어

세상을 살면서 아무것도 감출 필요가 없는 삶, 그와 동시에 자기가 한 일을 사람들 앞에 자랑하지 않는 삶을 살아라.

— 톨스토이

❖

세상을 살아가면서 고통 속에서 네 정신적 성장의 의미를 찾아라. 그러면 고통도 그 쓴맛을 반드시 잃을 것이다.

— 톨스토이

❖

세상의 사람들이 진리에 동의하지 않는 것은 그 무엇보다 그 진리가 제시하는 형식에 그들이 모욕을 느끼기 때문인 경우가 많다.

— 톨스토이

❖

스스로 자신을 칭찬하는 사람은 자기 외에는 아무것도 보지 못한다. 자기밖에 보이지 않는 사람은 차라리 장님이 되는 것이 낫다.

— 사디

❖

신의 계율을 지키는 것은 신에 대한 사랑 때문이지 결코 신에 대한 두려움 때문이 아니다.

— 탈무드

❖

실패란 말은 좋은 말이다. 실패, 다시 말해서 손실이란 것은 상인에게 붙어다니는 것이며, 언제나 상인을 견제하는 인력의 역할을 하기 때문이다.

— 알랑

싸움과 말다툼은 시작하기는 쉽지만, 이것을 끝내는 것은 마치 활활 타오르는 불길을 끄는 것처럼 매우 어려운 일이다.

― 톨스토이

✤

세상의 쓸데없는 잡담처럼 인간의 게으름을 부추기는 것은 없다. 만일 그들이 잡담하는 것을 그만둔다면, 그들은 그 지루함을 이겨내지 못할 것이다.

― 톨스토이

✤

어떤 사람을 선을 사랑함이 없이 사랑한다면 그 사랑은 마침내 환멸과 고뇌를 가져다줄 뿐이다.

― 톨스토이

✤

온갖 사물에 대한 참다운 지식은, 그 속에 사물 자체로서의 참다운 본질이 숨어 있음을 비로소 스스로 깨닫는 것이다.

― 쿠랄

완전한 기쁨은 자신에 대한 부당한 비난을 참고 거기에서 오는 육체적 고통을 견뎌내며, 그러한 비난과 고통을 가져다준 자에게 적개심을 품지 않는 데에 있다. 그런 완전한 기쁨은 사람들의 악도 자기 자신의 육체적 고통도 결코 무너뜨릴 수 없는 진정한 신앙과 사랑의 의식 속에 있다.

— 톨스토이

⚜

어리석은 자의 말에 상대방의 수준에 맞춰 어리석게 대답하지 않는 것이 현명하다.

— 톨스토이

⚜

어떤 사람을 설득할 때는, 그 사람이 지닌 생각에 의하지 않고서는 절대로 불가능하다. 말하자면 그 사람의 마음 속에 건전한 사려와 분별심이 있다고 생각해야 한다. 만약 그렇게 생각하지 않는다면 그 사람을 자기편으로 끌어들이는 것은 생각지 말라. 그 사람의 마음은 오직 그 자신의 감정에 의해서만 움직일 수 있다. 그 사람의 마음 속에 선량한 마음이 틀림없이 있다고 생각해야 한다. 만약 그렇지 않다면 내가 아무리 악의 무서움을 얘기하고 선을 칭찬해도 상대는 악에 대한 두려움을 느끼지 못할 뿐만 아니라 선을 추구해야 할 필요성도 느끼지 못할 것이다.

— 칸트

⚜

이 세상의 모든 사람들에게 진정한 종교는 오직 하나이다.

— 톨스토이

어떤 사람이 불행한 생활을 영위한다면 그 원인은 오직 한 가지, 오직 신앙심이 부족하기 때문이다. 그것은 사회 전체에 있어서도 마찬가지이다.

― 톨스토이

✤

영원한 생명에 대한 믿음을 가지려면 영원한 생명이 실제로 있어야 하고, 그러려면 자신의 생명을 영원한 생명이라는 차원에서 이해해야 한다.

― 톨스토이

✤

요즘 사람들이 몹시 괴로워하고 있는 악의 근본적인 원인은 대부분의 사람들이 아무런 신앙도 가지지 않은 것에 있다.

― 톨스토이

✤

만약에 인간이 무지無知 하고. 게으르고 겁쟁이였다면 무엇을 시도해 볼 수 있었겠는가. 상대방을 어리석은 사람이라 비난하면서 어찌 그를 교육시킬 수 있을 것인가.

― 알랑

✤

예나 지금이나 세상의 진실한 '종교'는 오직 하나뿐이다. 여러 가지 신앙도 진정한 종교에 대한 보조 수단 외에 아무것도 포함하고 있지 않으며, 그 보조 수단은 우연히 나타난 것으로 때와 장소에 따라 그 모습을 달리할 뿐이다.

― 칸트

가장 훌륭한 무기는 가장 큰 악을 낳는다. 지혜 깊은 사람은 절대로 무기를 이용하지 않는다. 그는 평화를 사랑한다. 그는 이기더라도 좋아하지 않는다. 전쟁에 이긴 것을 좋아한다는 것은 살인을 좋아하는 것과 같다. 살인을 좋아하는 자는 결코 인생의 목적지에 도달할 수가 없다.

– 노자

⚜

세상의 온갖 사물에 대한 참다운 지식은, 그 속에 사물 자체로서의 참다운 본질이 숨어 있음을 스스로 깨닫는 것이다.

– 쿠랄

⚜

완전한 사랑을 경험하려면 우리의 불완전한 사랑의 대상을 완전한 것으로 보거나, 진실로 완전한 것, 즉 신을 사랑하거나 둘 중의 하나를 반드시 선택해야 한다.

– 톨스토이

⚜

우리가 잘 알고 있는 것, 의심할 여지없이 존재하는 것, 그러나 이러한 일들은 우리가 이성으로 파악할 수 없고 언어로 표현할 수 없는 것에 대해서만 가능하다.

– 톨스토이

⚜

우리 모두는 우리 마음 속에서 어떤 일이 일어나고 있는지 볼 수 있다.

– 세네카

우리는 고통이나 절망이나 강력한 삶의 혐오의 틈바구니에서 단 한순간이나마 더 이상 견딜 수 없다는 삶의 의의라는 문제에 대하여 긍정의 대답을 들으면, 가령 그것이 다음 순간 탁류에 휘말려 버리더라도 그것으로 우리는 만족하게 되고 얼마 동안은 살아간다. 단지 살아가며 견디는 것뿐만 아니라 삶을 사랑하고 또 찬미하는 것이다.

― 헤세

✣

우리는 그 사람 속에 아직 잃어버리지 않은 선을 통하지 않고서는 누구도 더 나은 사람으로 만들 수 없고, 그 사람 속에 남아 있는 지혜를 통하지 않고서는 누구도 더 현명하게 만들 수 없다.

― 칸트

✣

우리는 세 가지 방법으로 예지를 얻을 수 있는데 그 방법으로는 사색에 의한 방법, 이것이 가장 좋은 길이고, 모방에 의한 방법, 이것은 가장 쉬운 길이며, 그리고 마지막으로 경험에 의한 방법, 이것이 가장 힘든 길이다.

― 공자

✣

우리는 절대로 인간의 도덕적 존엄성을 부정해서는 안 되며, 그리고 그 도덕적 본성의 부활이 불가능하다고 생각해서도 안 된다. 왜냐하면 그 같은 생각은 원래 도덕적 존재이며 선의의 능력을 절대로 잃지 않는 인간의 개념과 다르기 때문이다.

― 칸트

우리의 영혼 속에는 결코 죽지 않는 그 무엇인가가 들어 있다. 우리는 그 무언가를 의식할 수도 있고 의식하지 못할 수도 있다.

— 톨스토이

⚜

우리의 삶의 모든 외면적 변화는 우리의 사상 속에서 일어나는 변화에 비하면 참으로 보잘것없는 것이다.

— 톨스토이

⚜

의심하는 것을 결코 두려워하지 말라. 너희에게 제시된 신앙의 조항을 반드시 이성적으로 대담하게 검토하라.

— 톨스토이

⚜

이성은 생활의 근본이 될 수 없다고 말하는 사람은, 이성을 거부함으로써 자신의 생활을 망쳐놓고도 그것을 결코 개선하려 하지 않는 사람이다.

— 톨스토이

⚜

인간은 사람들 앞에서는 자신의 잘못을 숨길 수 있지만 신 앞에서는 절대로 숨길 수 없다. 그러므로 세상을 살아가면서 결코 나쁜 짓을 하지 말아야 한다.

— 톨스토이

⚜

이성은 인간과 동물을 구별할 수 있는 특성이다.

— 톨스토이

"아, 청춘은 아름다웠었지요. 그 무렵은 정말 좋았습니다. 물론 죄와 슬픔도 은근히 내포하고 있었지요. 그러나 그것은 틀림없이 행복한 생활이었습니다. 그 무렵의 나처럼 그처럼 마시고, 그처럼 춤추고, 그처럼 사랑에 겨운 밤을 지새운 사람도 많지 않을 것입니다. 그래도 그때, 거기서 정말은 갔어야 되었습니다. 그 후는 두 번 다시 그러한 행복한 시대가 오지 않았습니다. 정말 그것이 최후였지요."

— 헤세

⚜

이성은 모든 사람들 속에 있어서 단 하나이다. 사람들의 교류는 이성에 근거하므로 모든 사람에게 단 하나인 이성의 요구에 따르는 것은 곧 우리 모두의 의무이다.

— 톨스토이

⚜

우리의 육체가 멸망하니까 우리도 멸망한다고 생각하는 것은, 마치 노동자가 사용하는 연장이 닳아서 못쓰게 되었다고 해서 노동자도 죽어 버렸다고 생각하는 것과 같은 것이다.

— 마치니

⚜

육체적인 온갖 욕망을 이기는 단 하나의 방법은 자기가 영적 존재임을 자각하는 일이다. 성욕의 실체, 즉 성욕은 저급한 동물적 본능이라는 것을 이해하기 위해서는 사람은 자기가 무엇인가를 떠올리면 된다.

— 톨스토이

이 세상의 모든 도덕상의 실천적인 명령 속에는 같은 근거에서 나온 다른 명령과 모순될 가능성이 있다.

– 톨스토이

✤

이교도의 세계에서 부富는 명예와 권력의 상징이다. 그러나 그리스도 교도에게 부는 그것을 소유한 자의 약점이나 허위의 증명에 불과하다. 부유한 그리스도 교도는 마치 발 없는 경주마라는 말과 같이 모순된 말이다.

– 톨스토이

✤

우리에게 악을 저지르고 우리를 모욕하는 사람들을 미워하지 않는 유일한 방법은 그들을 선으로 대하고 선으로 분노를 극복하는 것이다. 자신의 감정을 극복함으로써 그들을 변화시킬 수는 없지만 자신을 다스릴 수는 있다.

– 아미엘

✤

우리의 삶에 의미가 있다면 그것은 바로 이 세상의 삶 속에 있어야 한다.

– 톨스토이

✤

이성의 승리에 가장 이바지하는 것은, 이성에 봉사하는 자의 평온한 마음이다. 진리는 종종 반대자의 격렬한 공격보다 옹호자의 열광 때문에 더 괴로워한다.

– 페인

인간에게 힘이 주어진 것은 약자를 괴롭히기 위해서가 아니라 그들을 위로하고 도와주기 위해서이다.

― 러스킨

✤

인간생활에서 참으로 위대한 것은 거의 언제나 눈에 띄지 않는다. 지금 우리 눈앞에서 조용하고 그리고 은밀하고 가장 위대한 행위, 가장 위대한 헌신이 행해지고, 가장 높고 큰 기도가 진행되고 있지만, 다만 우리가 그것을 깨닫지 못하고 있는지도 모른다.

― 채닝

✤

인간에게 가장 중요한 정신이 육체 때문에 괴로워하는 것은 부끄러운 일이다.

― 탈무드

✤

인간에게 의·식·주를 위해 필요한 것은 아주 적다. 그 밖의 것은 다만 남의 취미에 영합하기 위해, 또는 남보다 돋보이기 위해 마련하고 있을 뿐이다.

― 동양의 금언

인간으로서의 자기 존엄이라는 의식에 반反하는 죄악이 있는데, 그것은 음식을 절제하지 못하는 것이다.

— 톨스토이

❖

인간은 하여야 할 일을 안 해서보다 하지 말아야 할 일을 함으로써 자신의 생활을 타락시킨다. 그러므로 좋은 생활을 하려고 함에 있어 사람이 경계하여야 할 일은 하여서는 안 될 일을 하는 일이다.

— 톨스토이

❖

인간은 결코 모든 일을 다 할 수는 없다. 그러나 그렇다고 해서 나쁜 짓을 해야 한다는 뜻은 아니다.

— 소로

❖

인간은 자신의 생명이 바다에서 일어나는 단순한 '파도'가 아니라 오직 이 세상에서 '파도'로 나타나는 영원한 운동임을 깨달을 때 비로소 자신의 영원한 삶을 믿을 수 있다.

— 톨스토이

❖

인간의 영혼은 결코 사고 팔 수 없는 것이다. 이와 마찬가지로 물과 공기도 매매의 대상이 될 수 없다. 왜냐하면 그러한 것들은 인간의 육체와 영혼을 지탱하는 데 없어서는 안 되는 조건이기 때문이다.

— 러스킨

인간은 사랑이 적으면 적을수록 고통을 많이 받고, 사랑이 많으면 많을수록 고통을 적게 받는다. 인간의 고통은 사람들이 자신의 삶과 세상의 삶을 연결하는 밧줄을 끊으려 할 때 느끼는 아픔이다.

– 톨스토이

✤

인간은 속성을 가지고 세상에 태어나 그것에 의해 살아간다. 그리고 그것은 결코 사라지지 않는다. 설사 우리의 눈앞에서 모습을 감추어도 완전히 사라지는 것은 아니다.

– 톨스토이

✤

인간은 자기가 할 필요가 없는 일이 무엇인지를 분명히 알았을 때 비로소 자기가 무엇을 하여야 하는가를 알 수 있게 된다. 하여서는 안 될 일을 하지 않는다면 그는 반드시 하여야만 할 일을 하게 될 것이다. 설령 무엇 때문에 자기가 그 일을 하여야 하는지는 모르더라도.

– 톨스토이

✤

인간의 감정과 행위에 변화가 일어나려면 먼저 그의 사상에 변화가 일어나야 하고 사상에 변화가 일어나려면 반드시 자신의 영적 본성과 그 본성의 요구에 대한 깊은 성찰이 필요하다.

– 톨스토이

✤

세상의 이성적인 것과 도덕적인 것은 언제나 같다.

– 톨스토이

인간의 생명은 태어남과 함께 시작된 것도 아니고, 죽음과 함께 끝나는 것도 아니라는 것을 믿는 사람은 이것을 이해하지도 믿지도 못하는 사람보다 힘들이지 않고 선한 삶을 살 수 있다.

— 톨스토이

✣

인간은 마치 한낮같이 떳떳하게 살아야 한다.

— 콩트

✣

인간의 운명을 결정하는 것은 오직 그가 자기 자신을 어떻게 이해하고 있는가 하는 것에 달려 있다.

— 소로

✣

인간의 지적 활동은 종종 진리를 해명하는 것이 아니라 그 진리를 감추는 데 이용되는 일이 있다. 그 같은 나쁜 활동이야말로 모든 유혹의 가장 큰 원인이다.

— 톨스토이

✣

인간의 행위에는 두 가지가 있다. 하나는 자기의 의지에 의한 것이고 다른 하나는 자기의 의지와는 관계가 없는 것이다.

— 톨스토이

✣

인간이 멈추는 모든 사상은 그가 그것을 말하든 안 하든 반드시 그의 생활을 해치기도 하고 돕기도 한다.

— 말로리

인간이 차차로 나이가 들고, 젊은 시절에 갖지 않았던 역사에 대한 감각을 얻는 것은 체험과 인내의 수십 년을 보내는 사이 인간의 얼굴과 정신에 쌓아올린 많은 층을 아는 것에 딸려 있습니다. 반드시 의식된다고는 할 수 없지만 노인은 결국 역사적으로 사물을 생각하게 되는 것입니다.

― 헤세

✣

인간이 이성을 가진 존재로서 이 세상에 태어난 이래, 그들은 선과 악을 구별하고, 그들 이전의 인간이 저질렀던 악과 싸우며, 진정한 최상의 길을 찾아 느리기는 해도 꿋꿋하게 그 길을 걸어왔다. 그러나 언제나 온갖 기만이 이 길을 가로막으며 인간을 향해 그런 짓은 할 필요가 없으니 그냥 편하게 살면 된다고 유혹한다.

― 톨스토이

✣

자기 생명의 본질은 육체적 생명이 아니라 오직 정신적 생명에 있다고 생각하는 사람만이 진실로 자유로운 인간일 수 있다.

― 톨스토이

✣

인생의 위대한 기쁨을 올바로 이해하고 판단한다면, 우리는 더 이상 아무것도 바라지 않게 될 것이다.

― 톨스토이

✣

정신의 진정한 기쁨이야말로 곧 정신력의 상징이다.

― 톨스토이

자기가 온화하다고 말하는 사람은 결코 온화하지 않다. 자기는 아무것도 모른다고 말하는 사람은 사실은 현명한 사람이다. 자신이 학식이 있다고 하는 사람은 허풍쟁이이다. 침묵하고 있는 사람은 가장 현명하고 가장 뛰어난 사람이다.

– 푸라나

⚜

남을 아는 사람은 지혜롭고 자기 자신을 아는 사람은 밝음이 있다. 남을 이기는 사람은 힘이 있고 자기 자신을 이기는 사람은 더욱 강하다. 죽으면서 자기가 멸망하지 않음을 아는 사람은 영원한 존재를 유지한다.

– 노자

⚜

자기의 생활을 밟고 넘어간다는 것, 한 걸음 한 걸음 나아가는 것이 아니면 안 된다. 마치 음악이 테마와 템포를 차례차례로 바꾸어 한 곡을 끝내고, 완성하고, 뒤에 남기고, 결코 지치는 일 없이, 언제나 눈을 뜨고 있고, 언제나 완전하게 존재하고 있듯이 자기의 생활도 여러 가지 장소를 차례차례 밟아나가 뒤에 남기고 가는 것이 아니면 안 된다고 나는 생각합니다.

– 헤세

⚜

자신이 스스로 깨달았다고 자만하는 자는, 한평생 지혜로운 사람을 만나도 마치 숟가락이 사람의 입에 넣어 주는 음식의 맛을 모르듯 진리를 알지 못한 채 죽는다.

– 동양 금언

철학자 소크라테스는 굶주림을 면하기 위해서가 아니라 식도락을 위해서 먹는 것을 자제하고, 제자들에게도 그렇게 하도록 설득했다. 그는 지나치게 먹고 마시는 것은 육체와 정신에 큰 해가 되니 절대로 포식하지 말고 조금 모자라는 듯할 때 식탁을 떠나라고 충고했다. 그는 자기의 제자들에게 자주 오디세우스《오디세이아》 중의 인물의 지혜로운 이야기를 들려주었다. 마녀 키르케도 오디세우스가 음식을 탐하지 않아서 그에게 마법을 걸 수 없었는데, 그의 동료들은 맛있는 음식에 달려들자마자 모두 돼지로 변해 버렸다는 것이다.

— 톨스토이

✦

자신의 주어진 처지에 만족하는 노예는 이중의 노예이다. 왜냐하면 그는 육체뿐만 아니라 정신까지 노예이기 때문이다.

— 톨스토이

✦

자연 가운데서 아들 딸의 행복을 기뻐하는 어머니의 기쁨만큼 거룩하고 사람을 감동시키는 기쁨은 없다.

— 셰익스피어

✦

전 인류와 개개인을 인간에 부여된 같은 하나의 목적으로 이끈다. 그 목적이란 한 사람 한 사람이 전 인류 속에 신을 나타내는 일이다.

— 톨스토이

자신이 베푼 선행善行은 될수록 숨기는 것이 좋다.

— 톨스토이

❦

죄악을 피하고 그것을 이기기 위해서는 무엇보다 먼저 모든 죄악의 뿌리는 나쁜 사상에 있다는 것을 인정해야 한다.

— 석가

❦

좋은 냄새에도 견디지 못하는 사람이 있다. 꽃다발이나 향수 냄새에도 가끔 혐오를 느낀다. 그리고 그다지 대단치 않은 냄새를 맡아도 골치가 아프다고 하는 일이 비일비재하다. 이런 사람을 가리켜서 고집쟁이라 한다.

— 알랑

❦

지혜로운 사람은 스스로 알기 위해 배우고, 어리석은 사람은 남에게 알려지기 위해 배운다.

— 동양 금언

❦

세상의 진실한 말은 매우 간결하다.

— 톨스토이

❦

진정한 생명은 시간과 공간밖에 있다. 그러므로 죽음은 이 세상에서의 생명의 현상을 바꿀 뿐 결코 생명 그 자체를 멸망시킬 수는 없다.

— 톨스토이

진정한 자선은 강자가 자신의 땀과 피나는 노력의 대가를 약자에게 줄 때이다.

– 톨스토이

✣

참으로 믿는 자는 어떤 교도는 어떤 경전을 맹신하는 자가 아니라 자신의 신앙을 순수한 양심과 명쾌한 사상 속에 곧 신의 의지를 가장 바르게 표현하는 것에 두는 자이다.

– 비겔로프

✣

참으로 유익한 것 그리고 진실하게 선한 것, 따라서 참으로 위대한 것은 언제나 단순하다.

– 톨스토이

✣

처세술이라는 것은 무엇보다도 먼저 자기가 한 결심을 재치있게 행동하는 일이다. 그러므로 자기가 종사하는 일에 대해서 군소리를 하지 않는 사람이야말로 처세술에 능한 사람이라 할 것이다.

– 알랑

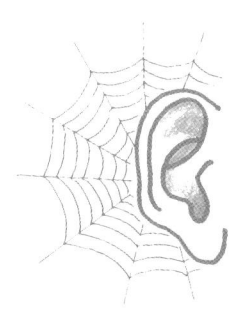

항상 네 입을 조심하라. 병은 입으로 들어간다. 조금 모자라는 듯한 느낌이 들 때 식탁에서 곧장 일어나는 것이 좋다.

― 톨스토이

❖

인간이 행복해지기 위해서는 바로 행복의 가능성을 믿어야 한다.

― 톨스토이

❖

항상 죽음을 철저하게 바라보며 살아가지 않으면 안 된다. 죽음을 바라보는 삶은 모두 엄숙하고 의미심장하며, 그리고 얻는 것이 많아 반드시 우리에게 기쁨을 준다.

― 톨스토이

❖

자살자는 내게 있어서 존경하고, 동감이 가는, 가령 어두운 감이 있지만 굉장한 것으로 느껴졌다. 내 생각으로는 만일 어느 사람에게 있어서 자살이, 그 성질이, 교육 운명 등으로 비춰 보아서 불가능하고, 금하고 있다면 가령 가정된 시간으로서 상상이 그를 빠져나가는 길로 유혹은 하지만 그것을 실행하지는 않을 것이다. 그것은 금지된 채일 것이다. 그렇지 않고 어떤 사람이 자신에게 견딜 수 없게 된 생명을 결연히 버린다면, 다른 사람이 자연사에 대한 권리를 가지고 있는 것과 마찬가지로 그 사람은 자살에 대하여 권리를 가지고 있는 것으로 안다. 실제로, 자살한 많은 사람들의 경우 나는 이 사람들의 죽음을 다른 많은 사람들의 죽음보다도 한층 자연스럽고 한층 의미 깊은 것으로 알고 있었다.

― 헤세

침묵 속에 사는 사람은 신의 곁으로 쉽게 다가갈 수 있다. 그러나 심심풀이로 하는 잡담은 마침내 지루함과 불안의 원인이 된다.

— 중국의 지혜

❖

페르시아 사람 사디는 언젠가 아버지 옆에서 집안 식구들이 깊이 잠들어 있는 동안 밤새도록 자지 않고 코란을 읽었을 때의 일을 이야기한 적이 있다. 한밤중이 되어, 나는 코란에서 눈을 떼고 아버지에게 말했다. "아무도 기도를 드리고 있는 사람이 없고 코란에 귀를 기울이는 사람도 없습니다. 모두 죽은 것처럼 깊이 잠들어 있습니다." 그러자 아버지가 이렇게 말했다. "너도 어서 가서 자거라. 남에 대해 이러쿵저러쿵할 바에는."

— 톨스토이

❖

행복에는 한계가 없다. 왜냐하면 자신에게는 밑바닥도 없고 벼랑도 없으며, 행복이란 원래 사랑을 통한 신의 정복 바로 그것이기 때문이다.

— 아미엘

❖

하느님은 우리들에게 먹을 것을 보냈고 악마는 요리사를 보냈다.

— 톨스토이

❖

어진 사람은 자신의 행동이 말과 일치되지 않는 것을 항상 두려워하기 때문에 함부로 말을 하지 않는다.

— 중국의 지혜

행복이나 불행의 원인은 실제 따지고 보면 아무것도 아니다. 모든 것은 우리들의 육체와 의지와 노력에 따라서 좌우될 수 있기 때문이다.

― 알랑

❖

가난한 과부가 희사한 한 푼은 부자의 거금과 맞먹을 뿐만 아니라 오히려 그것이 진정한 자비이다. 오직 가난한 자, 스스로 노력하여 일하는 자만이 자선의 기쁨을 누릴 수 있고, 부유한 자와 게으른 자에게는 그러한 기쁨이 없다.

― 톨스토이

❖

가장 단순한 의문은 가장 깊은 의문이다. 당신은 어디에서 태어났는가? 당신이 살아가는 곳은 어디인가? 그리고 지금 당신은 어디로 가고 있는가? 당신은 지금 무엇을 하고 있는가? 깊이 생각하라. 가끔씩 이것들에 관해⋯⋯ 그리고 보십시오. 당신의 대답이 바뀌는 것을⋯⋯.

― 바크

❖

탄광의 매몰된 갱도에서 구출될 가망이 없는 자, 얼음 속에 갇혀 얼어 죽어 가고 있는 자, 바다 한가운데서 굶어 죽어 가고 있는 자, 또는 독방에 감금되어 있는 자, 아니면 귀도 들리지 않고 눈도 보이지 않는 자, 이런 사람들은 만약 기도가 없다면 남은 시간을 어떻게 살아갈 수 있을까?

― 톨스토이

가족과 조국은 더 큰 원, 전 인류라는 원 속에 포함되지 않으면 안 된다. 그것은 넘어가야 할 두 계급이기는 하지만, 그 위에 머물러 있어야 하는 성질의 것은 아니다.

— 마치니

✤

갓 태어난 모든 아기는 아직도 신이 인간에 대해서 절망하고 있지 않다는 메시지를 가지고 있다.

— 타고르

✤

기쁨과 고통이 언제나 뒤따르는 인생임을 정녕 깨달을 수만 있다면 인생의 여정은 얼마나 아름다운 것인가?

— 블레이크

✤

과거는 이미 존재하지 않고, 미래는 아직 오지 않았다. 현재는 이미 존재하지 않는 과거와 아직 오지 않은 미래의 무한한 접점에 놓여 있다. 그리고 바로 현실, 그 시간이 없는 한 점에서, 인간의 진정한 생활이 영위되고 있다.

— 톨스토이

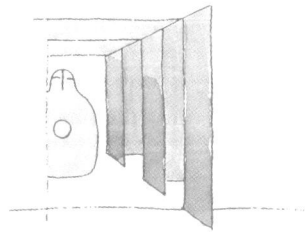

고통이 그대를 괴롭히는 이유는 그대가 그것을 겁내기 때문이다. 고통이 그대를 괴롭히는 것은 그것을 비난하기 때문이다. 고통이 그대를 쫓아다니는 것은 고통으로부터 도망치려 하기 때문이다. 그러므로 그대는 겁내면 안 된다. 그대는 고통을 사랑해야 한다. 세상에는 오직 하나의 마술, 오직 하나의 힘, 오직 하나의 행복이 있는데 그것은 바로 사랑이라는 것을…… 그러므로 고통을 사랑하라. 고통을 거역하지도 말고 결코 그것으로부터 피하려고도 하지 말라. 그리하여 고통이 때론 우리에게 살아갈 힘을 부여해 줌을 깨우쳐라.

― 헤세

❖

결혼이란 마치 작은 배를 타고 긴 항해를 하는 것과 같다. 만일 한 승객이 배를 가라앉히려 한다면 다른 사람은 그것을 곧장 중지시켜야 한다. 그렇지 않으면 둘 다 바닷물에 빠지게 된다.

― 르벤

❖

그들은 비록 내 눈을 앗아 갔지만 나는 밀턴의 천국을 기억합니다. 그들은 내 귀를 앗아 갔지만 베토벤이 나를 찾아와 내 눈의 눈물을 닦아 주었습니다. 그리고 내 혀도 빼앗아 갔지만 나는 어렸을 적 하나님께 깊이 감사드렸습니다.
그분은 그들이 내 영혼을 빼앗아 가는 것을 허락하지 않으셨습니다. 그리고 나는 영혼을 잃지 않았기에, 그 모든 것을 가진 것이나 마찬가지입니다.

― 헬렌 켈러

그대의 꿈이 비록 한 번도 실현되지 않았다고 해서 스스로 안타깝고 서글프게 생각해서는 안 된다. 정말 안타깝고 서글픈 것은 이제까지 한 번도 꿈을 꾸어 보지 않았던 사람들이다.

― 바흐

✤

나는 가끔 이런 생각을 하곤 합니다. 만일 인생을 처음부터 다시 시작할 수 있다면 이미 써버린 생애는 처음 글쓰기를 다시 시작하는 것과 같을 것이라고. 만일 그렇게만 된다면 우리는 누구나 자기 자신을 되풀이해서 살려고 하지 않을 것입니다. 적어도 자신을 위하여 이전과는 다른 어떤 삶을 살려고 하겠지요.

― 체호프

✤

우리는 모두 장님입니다.
구두쇠는 모두 장님이지요.
그는 보석만 볼 줄 알았지 진정한 부를 보지 못하므로…….
돈을 물 쓰듯이 하는 사람 역시 장님이지요.
그는 시작만 볼 줄 알았지 끝을 보지 못하므로…….
학식이 있는 사람도 장님이지요.
그는 자신의 지식만 볼 줄 알았지 자신의 무지는 보지
못하므로…….
나 또한 역시 장님이지요.

― 위고

사랑과 행복이란

개개의 불행이 일반적으로 행복을 만들어 낸다. 따라서 개개의 불행이 많으면 많을수록 모두가 선善이다.

— 볼테르

✢

나는 꽃이 사랑스러울 때 항상 불길했다. 사랑스러운 꽃은 나에게 아름다운 여자의 속절없는 약속을 상기시켜 주기 때문이다.

— 캠벨

✢

나는 매사에 감사할 줄 모르면서 행복한 사람을 한 번도 보지 못했다.

— 지그 지글러

✢

너희 마음 속에 선량한 감정을 불러일으키는 영향을 받아들이는 것을 결코 무익한 것으로 여겨서는 안 된다.

— 러스킨

✢

덕의 유일한 보수는 오직 덕이다.

— 에머슨

내가 세상을 헛되이 살았다고 생각하는 때는 웃음이 없었던 날들이다.

— 샹포르

✤

다른 사람에게 사랑이 없다고 말하지 말라. 다른 사람에게 사랑이 없는 것이 아니라 나에게 사랑이 없기 때문에 다른 사람에게서 사랑이 없는 것처럼 느끼는 것이다. 나에게 사랑이 있으면 세상이 사랑으로 넘치는 것을 반드시 볼 수 있을 것이다.

— 간조

✤

나는 학교 교육을 거의 받지 못했지만 어린 시절부터 영화배우가 되겠다는 큰 꿈을 품고 있었다. 들에서 벼를 벨 때나 소를 몰며 집으로 돌아갈 때, 그리고 우유를 짜고 있을 때도 내 이름이 커다란 극장의 스크린 속에 나오는 것을 간절하게 상상하곤 했다. 결국 나는 집을 떠나왔고, 영화사에 들어가 엑스트라로 일하기 시작했다. 그리고 마침내 내가 어린 시절에 상상했던 내 이름이 스크린에 크게 비춰지며 상영되는 것을 보는 날이 오게 되었다. 이때 나는 비로소 알게 되었다. 끊임없는 상상이야말로 반드시 성공을 가져오게 하는 가장 강력한 힘이라는 사실을…….

— 작자 미상

✤

네가 두려워하는 사람도 너를 두려워하는 사람도 결코 사랑할 수는 없다.

— 키케로

내가 헛되이 보낸 오늘 하루는 어제 죽은 이들이 그토록 바라던 내일이다. 내가 아직 세상에 살아 있는 동안에는 나로 하여금 결코 헛되이 살지 않게 하라.

― 에머슨

⚜

"나는 지식보다 상상력이 더 중요함을 믿는다. 그리고 신화가 역사보다 더 많은 의미를 담고 있음을 나는 믿는다. 꿈이 현실보다 더 강력하며 희망은 항상 어려움을 반드시 극복해 준다고 믿는다. 그리고 슬픔의 치료제는 웃음이며 사랑이 죽음보다 더 강하다는 걸 나는 믿는다. 이것이 내 인생의 여섯 가지 신조이다."

― 풀검

⚜

나는 이런 사람을 만나기를 좋아한다. 자기가 현재 살고 있는 곳을 자랑스럽게 생각하는 사람, 그리고 어떤 곳으로 가건 간에 그곳을 더 살기 좋게 만드는 사람을…….

― 링컨

⚜

눈물은 너무 많은 압력이 몸에 가해질 때를 위한 마음의 안전벨트이다.

― 스미스

⚜

대부분의 사람들은 기회가 찾아와도 그것을 잡지 못한다. 왜냐하면 그것은 대부분 중노동이라는 이름으로 찾아오기 때문이다.

― 멘켄

달이 뜨면 언제나 잠을 청했네. 그리고 해가 뜨면 그 아래서 몸을 녹이고 노래 부르면서 나중에 하리라, 나중에 하리라, 몇 번을 말했더니 아무것도 남기지 않은 채 시간은 그렇게 지나가 버렸네.

— 울버리

✤

당대 최고의 스승을 만나 최고의 가르침을 물려받더라도 자신만의 스타일을 만들지 않는 한 결코 최고가 될 수 없다. 스승이 이렇게 하자고 권해도 속으로 아니다 싶으면 네 방식대로 가라. 스승이 시키는 대로 따라 해서는 그 한계를 결코 넘을 수 없다.

— 조훈현

✤

대중의 도덕만이 모든 문명의 견고한 기초를 이룬다. 그리고 그 건물의 주춧돌 구실을 하는 것이 의무이다. 조용히 나의 의무를 다하며 사람들에게 좋은 모범을 보여주는 사람이야말로 미래의 빛나는 세계를 구원하고 이를 지탱하는 자이다. 아홉 명의 의인이 더 있었으면 소돔을 구할 수 있었지만, 민중을 타락과 멸망에서 구하기 위해서는 수천 명의 선량한 사람이 필요하다.

— 아미엘

✤

큰 행복의 원칙은,
첫째 어떤 일을 할 것,
둘째 어떤 사람을 사랑할 것,
셋째 어떤 일에 반드시 희망을 가질 것.

— 칸트

두려움은 어제의 슬픔을 빼앗아 가지 않습니다. 또 내일 닥쳐올 문제를 결코 해결해 주지도 않습니다. 두려움이 하는 일은 고작 오늘의 힘을 모두 빼앗는 것뿐입니다.

— 붐

⚜

돈으로 집을 살 수는 있으나 결코 단란한 가정을 살 수는 없으며,
돈으로 침대를 살 수는 있으나 결코 숙면을 살 수는 없다.
그리고 돈으로 책을 살 수는 있으나 결코 지식은 살 수 없으며,
돈으로 지위는 살 수 있지만 결코 명예를 살 수는 없다.
돈으로 약을 살 수는 있지만 결코 건강을 살 수는 없으며,
돈으로 시계를 살 수는 있지만 결코 시간을 살 수 없다.

— 작자 미상

⚜

마음의 논밭을 스스로 잘 개간한다면 세상의 황무지를 개간하는 것은 결코 어려운 일이 아니다.

— 손도쿠

⚜

만약 생활을 처음부터 새로 시작하는 것이라면 저는 결혼하지 않을 것입니다.

— 체호프

⚜

매사에 두려움 없는 사람이 가장 빨리 정상에 오른다. 모든 사람은 남에게 없는 어떤 장점이 있다.

— 푸블릴리우스

만약 악마가 존재하지 않는다면 인간은 그것을 만들어 낼 것이 틀림없다. 그렇다면 인간은 아마 자기의 모습과 비슷하게 악마를 만들어 낼 것이다.

- 도스토예프스키

✣

만약 어떤 사람에게 그가 몹시 나쁜 생활을 하고 있다는 것을 이해시키고 싶으면, 자신이 스스로 선한 생활을 실천해 보여라. 그리고 말로 설득하려 해서는 안 된다. 사람들은 직접 눈으로 볼 수 있는 것을 믿기 때문이다.

- 소로

✣

온갖 번뇌가 자신을 완전히 사로잡고 있을 때나, 모든 생활이 신에 대한 봉사로 채워져 있을 때는 인간은 기도가 없이도 살 수 있다. 그러나 끊임없이 번뇌와 싸우고 있는 사람이나, 자신의 의무를 수행하기에는 몹시 어려운 사람에게는 기도는 살아가는 데 없어서는 안 되는 조건이다.

- 톨스토이

만약 우리가 삶이 주는 모든 것들을 사랑의 눈길로 바라볼 수 있다면 그리고 시련까지도 감추어진 선물로 바라볼 수 있다면, 우리의 영혼을 풍요롭게 할 수 있는 가장 좋은 길을 발견하게 될 것입니다.

― 로스

✣

매일매일을 그대를 위한 최후의 날이라 생각하라. 그렇게 하면 생각지도 않던 기쁨을 맛볼 것이다.

― 호라티우스

✣

멀리 있는 듯 보이지만 성공은 가까이에 있을지도 모릅니다. 그러니 너무 힘들고 어려운 때도 끈질기게 싸워야 합니다. 최악의 상황이야말로 포기하면 안 되는 때니까요.

― 하웰

✣

명상과 같은 영적 활동을 할 수 있는 시간을 내기가 어려운 것은 사실이지만 그것은 그만한 가치가 있는 일입니다.

― 캔필드

✣

모래사장에 널려 있는 예쁜 조개껍데기를 모두 주워 모을 수는 없다. 그 중에서 단지 몇 개만 자신이 간직할 수 있을 뿐이다. 그러나 그 수가 적으면 적을수록 조개껍데기들은 더욱더 아름다운 법이다.

― 린드버그

모름지기 인생은 분열과 모순에 의하여 풍요롭게 꽃핀다. 도취를 모르는 이성과 냉철이란 도대체 무엇일까? 죽음을 배후에 가지지 않은 감각의 희열이란 도대체 무엇일까? 양성의 영원한 적의가 없었더라면 사랑은 또 도대체 무엇일까.

- 헤세

✤

모욕과 박해는 당하는 사람이 굴복하지 않는 한 그것은 도리어 그 사람을 타이르고 격려하는 교훈이 될 것이다.

- 에머슨

✤

몹시 작은 악을 인간의 본성으로 믿기보다는 지극히 커서 이룰 수 없는 선을 믿는 것이 훨씬 낫다.

- 톨스토이

✤

몹시 좌절될 것처럼 여겨지는 사건이 그 사람의 인생의 최대 분기점이 되는 경우가 있다. 세상의 사람에게는 전화위복의 기회는 항상 존재한다.

- 루빈

✤

사람의 마음 속에는 두 개의 방이 있어 기쁨과 슬픔이 함께 살고 있다. 한 방에서 기쁨이 깨어났을 때 다른 방에서는 슬픔이 잠을 잔다. 그러니 기쁨아, 부디 조심하여라. 슬픔이 깨지 않도록 조용히 말하여라.

- 뉴먼

부지런함은 곧 행운의 어머니다. 그리고 게으름은 아무리 바라는 것이라도 그 목표에 결코 데려다주지 않는다.

— 세르반테

⚜

미신은 너무도 뚜렷하게 인간의 상식과 양심에 반하기 때문에 만약 그것이 그토록 사람들의 사악한 생활을 변호하고 그들을 안도시키지 않았다면 결코 받아들여지지 않았을 것이다.

— 톨스토이

⚜

사람은 절대로 혼자서 방황하지 않는다. 누구든지 방황하기 시작하면, 그 방황을 주위 사람들에게까지 곧 퍼뜨린다.

— 세테카

⚜

비록 그대의 놓여 있는 모든 형편이 절망적일 수밖에 없다 하더라도 결코 절망하지 말라. 이미 일이 끝장난 듯싶어도 결국은 또다시 새로운 힘이 생기게 된다.

— 카프카

⚜

사람들은 왜 항상 자신들이 가질 수 없는 것에만 열중하는 것일까? 시골 밤하늘의 아름다운 풍경, 꽃들의 색깔, 눈송이의 신비함, 하늘을 떠다니는 구름의 행렬 등을 즐기려 하지 않는 것일까? 우리는 왜 우리가 이미 가지고 있는 이러한 풍요로움에 대해서는 만족하지 못하는 것일까?

— 포스트

당신을 밤낮으로 지켜 보는 작은 눈망울들이 있고
당신의 모든 말을 배우는 작은 키들이 있습니다.
당신의 행동을 배우려 하는 작은 손들이 있습니다.
아이들의 꿈은 당신을 닮아 자라납니다.
그들은 당신을 존경하고 당신은 그들의 선지자입니다.
당신을 생각하는 어린 마음엔 의심이란 없습니다.
그들은 경건하게 당신을 신뢰하며 당신처럼 어른이 된 후에까지
당신에게서 배운 말과 행동을 그대로 계속함을 잊지 마십시오.
당신이 언제나 옳다고 여기는 아이들의 크게 뜬 눈망울이
있습니다. 그들의 귀는 언제나 들으려 하고 밤낮으로
당신을 지켜 보고 있습니다.
당신이 하는 그 모든 행위가 그대로
아이들의 본보기가 되고 있습니다.
당신을 따르는 그 아이들은 당신 같은 어른이 되려고 한답니다.

— 작자 미상

❖

사람을 가장 불편스럽게 만들고, 또 가장 큰 불행으로 이끄는 유혹은 "남들도 다 그렇게 하니까"라는 평범한 말이다.

— 톨스토이

❖

사람은 오래 살수록 작은 것들이 얼마나 중요한 것인지를 점점 더 확실히 알게 된다. 작은 것을 해내기가 가장 어려운 것은 바로 그 때문이다.

— 라르디니

사람은 혼자 있을 때 정직하다. 혼자 있을 때 자기를 속이지는 못한다. 그러나 남을 대할 때는 속이려고 한다. 그러나 좀더 깊이 생각한다면 그것은 남을 속이는 것이 아니고 자기 자신을 속인다는 것을 깨달을 것이다.

― 에머슨

❖

사랑받고 싶거든 현명하기보다는 단순해지십시오. 이 사람들에게 공평하고 똑같은 호의를 가지십시오. 그리고 아랫사람의 말에 기꺼이 귀를 기울이십시오. 한마디의 격려, 한마디의 칭찬, 적절할 때의 도움보다 더 좋은 기쁨이 없다는 걸 명심하십시오. 지금부터 당신은 당신의 주머니 속에 작은 거울을 준비해 두십시오. 그래서 자주 당신을 들여다보고 당신의 얼굴이 당신 주위에 얼마나 밝은 빛을 뿜어 내는지 잘 살펴보십시오.

― 리날디

❖

사람을 있는 그대로 대접하라. 그러면 그는 그대로 남아 있을 것이다. 사람을 그가 될 수 있는 만큼 대접하라. 그러면 그는 마땅히 되어야 할 인물이 될 것이다.

― 존슨

❖

세상 사람의 행복이란 세 가지다. 그것은 서로 그리워하는 것이며, 서로 마주 보는 것이다. 그리고 서로 자신을 아낌없이 주는 것이다.

― 칼 힐티

사랑하는 사람을 가지지 말라. 그리고 미운 사람도 가지지 말라.
사랑하는 사람은 못 만나 괴롭고 미운 사람은 만나서 괴롭다.

― 법구경

✣

사람이란 어느 누구도 두려워할 필요가 없다. 그런데 만일 우리가 누군가를 두려워한다면 그건 자신을 지배할 수 있는 힘을 다른 어떤 사람에게 내주었기 때문이다. 네가 어떤 나쁜 짓을 저질렀는데 다른 사람이 그걸 알고 있다면 그는 너를 지배하는 힘을 갖게 되는 것이다.

― 헤세

✣

용서하는 마음을 가져라.
분노는 부정적인 것이며 분노는 유해한 것이고,
자기 자신을 점점 소멸시켜서 사라지게 한다.
먼저 용서하라.
먼저 활짝 웃으면서 상대에게 손을 내밀어라.
그러면 모든 사람의 얼굴에서 행복이 꽃피는 것을 볼 수 있다.
항상 먼저 하라.

남이 용서할 때까지 결코 기다리지 마라.
당신은 용서함으로써 운명을 정복할 수 있고
인생을 설계해 나가며 기적을 실천할 수 있다.
용서하는 것은 가장 고귀한 일이며
가장 아름다운 사랑의 모습이다.

용서의 대가로 당신은 평화와 행복을 얻게 될 것이다.
여기 진정으로 용서할 수 있는 마음을 얻기 위한 계획이 있다.

일요일 : 당신 자신을 용서하라.
월요일 : 가족을 용서하라.
화요일 : 주위의 친구와 동료를 용서하라.
수요일 : 국가의 경제기관을 용서하라.
목요일 : 국가의 문화기관을 용서하라.
금요일 : 국가의 정치기관을 용서하라.
토요일 : 세계의 다른 나라들을 용서하라.
오직 용감한 사람만이 상대를 용서할 줄 안다.
세상의 비겁한 사람은 절대로 용서하지 않는다.
그것은 그의 본성이 아니기 때문이다.

— 뮬러

⚜

사랑은 절대로 잃어버리는 법이 없다. 만일 그대가 어떤 사람을 사랑했을 때, 그가 당신의 사랑을 받지 않으면 그대의 사랑은 다시 그대에게로 돌아와서 그대의 마음을 따스한 군불처럼 따뜻하게 해 줄 것이다.

— 어빙

⚜

사랑하는 것을 결코 불행하다고 해서는 안 된다. 만일 보답받을 수 없는 사랑일지라도 그 안에는 찬란한 무지개가 있다.

— 베리

사랑은 눈이 머는 것이 아닙니다. 사랑은 제대로 볼 줄 알게 하는 것입니다. 사랑은 상대방의 약점과 결점을 분명하게 꿰뚫어 볼 줄 알기 때문이지요. 하지만 사랑은 그러한 약점과 결점에도 불구하고 상대방을 여전히 뜨겁게 사랑하는 것입니다. 물론 결점을 온전히 사랑한다는 것은 무척 힘든 일입니다. 그러나 그러한 결점에도 불구하고 사랑하는 것이 진정한 사랑입니다. 진정한 사랑은 상대방에 대한 책임도 포함되어 있기 때문입니다.

− 드러비쉬

사물이 지닌 진정한 의의를 이해하기 위해서는 자신의 눈에 보이는 모든 것을 보이지 않는 것과, 육체적인 것을 정신적인 것과 비교하는 것이 반드시 필요하다.

− 톨스토이

설교로써 사람들을 선으로 이끌기는 어렵지만, 실례로 이끄는 건 몹시 쉬운 일이다.

− 세네카

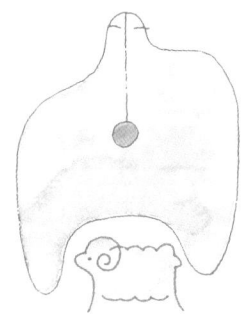

삶은 매 단계마다 순식간에 사라져 버리고 만다. 후회하고, 말다툼하고, 화를 내다 보면 얼마 있지 않으면 사라져 버릴 현재의 귀중한 시간을 허비하고 말았다. 현재는 그리 오래 지속되지 않는다.

― 쉐퍼

⚜

사회구조의 개선을 방해하는 가장 큰 원인은 그 개선을 오직 사회의 외면적 형식의 변경을 통해서만 달성할 수 있다는 생각이다. 그러한 잘못된 생각은 사람들의 활동을 사람들의 생활개선에 결코 도움이 되지 않는 것으로 나아가게 함으로써 오히려 그것에 도움이 되는 것으로부터 떼어놓는다.

― 톨스토이

⚜

산다는 것이 귀찮다고 실망하지 말라. 모든 사람들이 어깨에 짊어진 온 세상의 무거운 짐이, 그 사람들에게 스스로 사명을 완수하는 데 있다. 당신에게 지워진 일을 완수했을 때에만 무거운 짐은 없어질 것이다.

― 에머슨

⚜

성공의 비결은 하나의 목표를 가지고 꾸준히 나아간다면 반드시 성공한다. 그러나 사람들이 성공하지 못하는 것은 처음부터 끝까지 꾸준히 나아가지 않았기 때문이다. 하는 일에 최선을 다해서 나아간다면 모든 장애물을 반드시 극복할 수 있다.

― 디즈레일리

세상에 태어나서 한 번도 좋은 생각을 품지 않는 사람은 없다. 다만 그것이 계속되지 않았을 뿐이다. 어제 매었던 끈은 오늘 허술해지기 쉽고 내일은 풀어지기 쉽다. 매일매일 다시 끈을 매어야 하듯 사람도 그가 결심한 일은 나날이 거듭 여며야 결코 변하지 않는다.

― 밀

✤

새가 우리의 머리 위를 날아가는 것을 막을 방법이 없다. 그러나 새가 우리의 머리 위에 집을 짓는 것은 막을 수 있다. 나쁜 생각이라는 것은 마치 우리 머리 위를 날아가는 새와 같아서 막을 방법이 없다. 그러나 그 나쁜 생각이 우리의 머리 가운데 집을 짓고 들서로를 치료하기 위해 우리가 할 수 있는 가장 가치 있는 방법은 서로의 이야기에 귀를 기울여 주는 일이다.

― 폴즈

✤

세상을 살면서 정직과 성실을 그대의 벗으로 삼아라. 누군가 아무리 당신과 친하고자 해도 그대의 몸에서 우러나온 정직과 성실만큼 그대를 돕지는 못하리라. 그리고 백 권의 책보다 한 가지 성실한 마음을 지닌 힘이, 사람을 움직이는 데 더 효과가 있다.

― 프랭클린

✤

신이 왜 우리에게 두 손을 주었는지 알고 있는가. 한 손으로는 받고 또 한 손으로는 줄 수 있도록 하기 위함이다.

― 그레이엄

하루만 행복하려면 이발을 해라.
일주일 동안 행복하고 싶거든 결혼하라.
한 달 동안 행복하려면 말을 사고,
한 해를 행복하게 지내려면 새 집을 지어라.
그런 평생을 행복하게 지내려면 정직하라.

― 영국 속담

✣

이 세상에는 고통만 있는 것이 아니라 그 고통을 극복하여 승리를 거두는 것이 자기 자신에게 달려 있다는 사실과 더 나아가 그 고통을 진실한 기쁨으로 승화시킬 수 있는 능력 또한 자신 속에 있다는 것이다.

― 타고르

✣

세상에는 일곱 가지 죄가 있는데 그것은 노력이 빠진 부富, 양심이 빠진 쾌락, 인간성이 빠진 지식, 도덕이 빠진 상업, 인간이 빠진 과학, 희생이 빠진 기도, 진실이 빠진 정치가 바로 그것이다.

― 간디

✣

사랑에 푹 빠진 사람과 그렇지 않은 사람의 차이는
불이 켜진 램프와 불이 꺼진 램프와 같다.
저기 램프가 있었고, 좋은 램프였다고 하자.
그러나 지금 사방에 빛을 뿌리고 있을 때,
그것이 바로 램프의 진정한 기능이다.

― 고흐

세상의 만물은 자라서 꽃을 피운 뒤 다시 그 근본으로 돌아간다. 근본으로 돌아가는 것은 곧 안정을 의미하고, 자연과의 조화를 의미한다. 그러므로 육체의 죽음에는 어떠한 위험도 없다.

- 노자

✤

세상이란 음식과 매우 흡사하다. 옆 테이블에서 주문한 음식이 자기 것보다 훨씬 좋아 보이고 맛있어 보이는 것이다.

- 『채근담』

✤

수천 그루의 나무가 들어선 울창한 숲도 한 톨의 도토리로부터 비롯된 것이다.

- 에머슨

✤

신은 많은 것들을 당신 주위에 감추어 놓았다. 문제가 있다면 당신은 당신 손에 그것을 쥐어 주기만 바랄 뿐, 찾아 나서지 않는 데 있다.

- 에머슨

✤

어떤 일을 하기 전에 세심하게 준비하는 것은 좋은 일이다. 그러나 새로운 일을 결심하기 전에 세심하게 조사하면 할수록 대부분 그만두는 것이 낫다는 결론에 이르게 된다. 돌다리를 두들겨 보고 건너겠다고 결심한다면, 아마 당신은 영원히 그 돌다리를 건널 수 없게 될 것이다.

- 엔미치로

실패를 결코 두려워하지 말라. 오히려 당신이 시도조차 하지 않고 떠나보낸 저 수많은 기회들을 두려워하라!

― 작자 미상

✤

아담도 인간에 지나지 않았다. 이 한 마디가 모든 것을 해명한다. 그는 사과를 위해서 사과를 원한 것이 아니라 그것이 금지된 것이기 때문에 원한 것이다.

― 마크 트웨인

✤

아스팔트 길은 걷기는 쉽지만 거기에는 발자국 따위는 결코 남아있지 않다.

― 슈사쿠

✤

어떠한 일이 있어도 나의 신념에는 변함이 없다. 가장 슬픈 때에도 나는 깊이 생각한다. 지금 사랑하고 있거나, 또 사랑을 잃어버린 자라도 사랑한 적이 없는 사람보다 얼마나 행복한지 모른다고……

― 테니슨

✤

어떤 사람을 진정으로 사랑하려고 한다면 그 사람의 뛰어난 재능 이외에 사랑할 만한 약점 몇 가지를 지니고 있어야 한다. 그 사람에게 미소를 띨 일이 전혀 없는 그러한 사람은 결코 사랑할 수 없으므로……

― 모로와

어떠한 직업이라도, 자기가 지배하는 한 유쾌한 것이며, 반대로 그 직업에 종사하게 되면 불쾌한 것이다. 그러므로 인간의 생애에 있어서 가장 중요한 것은 직업의 선택이다.

- 알랑

애정이 없으면서 결혼하는 것은 신앙이 없으면서도 하나님께 예배를 드리는 일과 같이 인간으로서는 더할 나위 없는 비열하고 무의미한 행위이다.

- 체호프

여자가 남자의 벗이 되는 순서는 정해져 있다. 처음에는 친구, 다음에는 연인 그리고 마지막에 가서 벗이 되는 것이다.

- 체호프

어떤 사람이 챔피언이 되게 하는 가장 중요한 것은 무엇이냐고 물었습니다. 그때 그는 이렇게 대답했습니다. "힘을 내라. 그리고 한 라운드만 더 싸워라."

- 작자 미상

어떤 사물이든 적절한 장소에 놓여 있을 때 아름답게 느껴진다. 그러나 반대로 적절한 장소나 시간을 떠나면 아름다움은 곧장 사라지게 되어 있다. 있어야 할 것이 제자리에 있는 것보다 더 아름다운 풍경은 없다.

- 밀레

영혼에 해가 되는 사람들과의 교류는 두려워하고 피하여야 하며, 좋은 사람들과의 교류는 존중하고 계속 구하라.

― 톨스토이

⚜

여자들의 소망은 자그마하다. 그저 다정스런 눈으로 보아 주기만 하면 여자는 그것을 만족한다.

― 체호프

⚜

어린이란 어떤 존재인가? 어린이는 사랑을 믿으며, 아름다운 것을 믿으며, 신념을 믿는 것이다. 어린이는 아주 조그마하고 귀엽기 때문에 장난꾸러기 요정이 다가와서 귀에다 대고 소곤댈 수 있는 것이다. 어린이는 호박을 마차로, 쥐를 말로, 천한 것을 고귀한 것으로 바꾸고 무無에서 모든 것을 창조해 낼 수 있다. 그 이유는 모든 어린이는 그의 영혼 속에 요정을 가지고 있기 때문이다.

― 톰프슨

⚜

오늘을 꼭 붙들어라.! 되도록 내일에 의지하지 말라. 그날그날이 일 년 중 최선의 날이다.

― 에머슨

⚜

우리는 삼라만상을 모두 다 구명해야 한다. 그러나 삼라만상은 무한하며, 인간은 그 무한을 결코 구명할 수는 없다. 따라서 우리는 우리의 육체적 생명을 완전히 이해할 수 없다.

― 파스칼

우리 삶의 질을 높이고, 넓히고, 풍부하게 하는 모든 것이 사랑이다. 온갖 높은 곳과 깊은 곳을 향해서 삶을 풍요롭게 하는 것이 사랑이다. 사랑은 차량처럼, 그 자체에는 아무런 문제가 없다. 문제가 되는 것은 운전자이며, 승객이며, 도로일 따름이다.

— *헤세*

✦

우리가 제일 먼저 성공적으로 해야 할 일은 바로 우리 자신과의 사랑이다. 그런 다음에야 비로소 다른 사람과 사랑의 관계를 시작할 수 있다.

— *버스카글리아*

✦

운명을 기다리는 사람은 일확천금을 꿈꾸며 누워 자지만, 힘을 믿는 사람은 차근차근 자기의 운명을 헤쳐 나간다. 전자는 우체부가 유산 상속 통지서를 배달해 주기를 기다리지만, 후자는 자신 스스로 그 유산을 만든다. 이 세상의 비극과 희극은 모두 이 두 가지에서 결정된다.

— *세일로즈*

삶은 하나의 노래
그것을 노래 부르십시오.

삶은 하나의 놀이
그것을 마음껏 즐기십시오.

삶은 하나의 도전
그것과 당당하게 마주하십시오.

삶은 하나의 꿈
그것을 반드시 실현하십시오.

삶은 하나의 희생
그것을 남에게 아낌없이 제공하십시오.

삶은 곧 사랑
그것을 타인에게 마음껏 베푸십시오.

― 사이 바바

✤

의무가 그대의 문을 두드릴 때 그를 반갑게 맞이하라. 만일 그를 기다리게 한다면 그는 곧장 물러갔다가 한 번은 다시 찾아오지만 그때는 여러 가지 다른 의무를 데려와서 반드시 그대의 문을 두드릴 것이다.

― 마컴

우리가 세상을 살면서 결코 잊어서는 안 될 하나의 사실이 있습니다. 지금 우리가 처해 있는 어려운 환경이나 그리고 아무런 조치를 취할 수 없는 곤란한 처지를, 우리가 모르는 다른 어떤 사람은 이것을 능히 이겨 내고 있다는 점입니다. 곤란은 나뿐만이 아니라 다른 사람에게도 있었고, 그들은 그 어려운 장벽 앞에서도 결코 굴복하지 않고 힘차게 헤쳐 나왔다는 것도 기억할 필요가 있습니다.

― 필

✣

우리는 사랑하고 사랑받기 위해 세상에 태어났다. 우리는 위대한 일을 할 수 없지만 큰 사랑으로 작은 일들은 할 수 있다.

― 테레사

✣

우리들은 성공보다 실패에서 더 많은 지혜를 배운다. 한 번도 실패가 없는 사람은, 한 번도 발견한 일이 없음에 틀림없다.

― 스마일스

✣

우정이란 다감한 마음을 지닌 두 사람의 덕이 있는 사람들이 서로 주고받는 암묵의 계약이다.

― 볼테르

✣

육체적 성장은 곧 정신적 활동을 위한 육체의 고갈과 함께 시작되는, 신과 모든 사람에 대한 봉사를 위한 준비작업에 불과하다.

― 톨스토이

원래 선량하고 현명한 사람이, 자기가 하고 있는 일의 불법성과 범죄성을 잘 알고 있으면서도, 자신이 악으로 인정하고 있는 그 일을 아무렇지도 않게 계속하는 일들을 우리는 자주 본다. 어째서 이런 현상이 생기는 것일까? 그것은 그 사람이 자신의 양심과 이성의 요구로 강한 암시의 영향 아래 행동하기 때문이다. 그리고 그러한 암시가 그 사람을 더욱 강하게 지배하여, 점점 더 악을 저지르게 되는 일이 있는가 하면, 반대로 그 암시가 점점 약해지고 이성의 요구가 더 강해지면, 마침내 마음의 동요가 시작되어 마지막에는 이성이 승리를 거두는 경우도 있다.

— 톨스토이

✣

폭력으로써 우리들을 강압하는 것은, 우리들에게서 일체의 권리를 빼앗는 짓이다. 그러므로 우리들은 폭력을 혐오한다. 우리들을 설득할 줄 아는 사람들을 우리는 은인으로 여기고 사랑한다. 그러나 폭력을 쓰는 자는 조악하고 무지한 자뿐이다. 지혜 있는 사람은 결코 폭력의 편에 서지 않는다. 폭력을 쓰기 위해서는 많은 동조자가 필요하지만, 설득하는 데에는 동조자가 필요하지 않다.

— 소크라테스

✣

이 세상을 살아가면서 헛되이 행복을 찾아 헤매다가 지치고 피곤한 손을 신에게 내미는 순간, 그가 느끼는 기쁨을 어떻게 표현할 수 있을까.

— 톨스토이

인류의 사상이 나아가야 할 참된 방향은 정치적 또는 새로운 법률을 정하는 것이 아니라, 각 개인의 도덕적 존엄성을 인정하는 것에 있다. 이러한 사상의 흐름이야말로 다같이 독단주의와 권위주의의 구덩이에 빠지는, 장님이 장님을 이끄는 일보다 인류의 발전에 훨씬 더 많이 공헌할 수 있다.

― 예이츠

✠

인간은 동정해야 할 존재가 아니라 존경해야 할 존재이다.

― 고리키

✠

우리에게는 새로운 발견, 천국과 지옥에 대한 발견이 아니라 우리 내부에 사는 영혼에 대한 새로운 발견이 필요하다.

― 채닝

✠

이 세상이 언제 누구에게 어떤 임무를 부여하든 간에, 그것은 그때 그 사람의 행복을 위한 것이다.

― 아우렐리우스

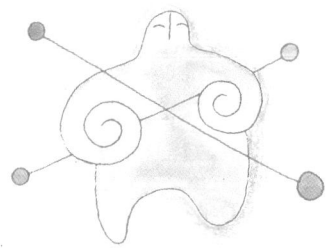

인간은 불길이 위로 오르고 돌멩이가 아래로 떨어지듯이 행동하기 위하여 태어났다. 아무런 일에도 종사하지 않음은 인간에 있어서는 이 세상에 존재하지 않음과 마찬가지이다.

— 볼테르

✦

인간은 어머니 뱃속에서 벌거숭이로 태어났기 때문에 벌거숭이로 흙에 돌아가는 것이 당연하다. 이처럼 신은 자기가 베푼 것은 끝내 신 자신이 도로 찾아간다.

— 도스토예프스키

✦

인간은 완성에 이르지 못한다고 말하며, 네가 선을 향해 나아가는 것을 포기하게 하려는 사람들을 경계하라.

— 톨스토이

✦

인다라의 하늘에는 구슬로 된 그물이 걸려 있는데 구슬 하나하나는 다른 구슬 모두를 비추고 있어 어떤 구슬이 소리를 내면 그물에 달린 다른 구슬 모두에 그 울림이 연달아 퍼진다고 한다.

— 『화엄경』

인간의 길, 삶의 길

인생에 있어 가장 위대하고 아름다운 여행은 자신을 발견해 가는 모험 속에 있다.

― 작자 미상

✤

인생에 있어 다시는 결코 돌아오지 않는 그것, 그것이 삶을 달콤하게 만드는 것이다.

― 디킨슨

✤

인생은 한 마리의 말이다. 경쾌하고 우람한 말이다. 우리들은 그것을 기수처럼 대담하게, 그리고 세심하게 취급하지 않으면 안 된다.

― 헤세

✤

인생은 평화와 행복만으로는 지속될 수 없다. 수많은 고통과 노력이 필요하다. 결코 고통을 두려워하지 말고 슬퍼하지 말라. 매사에 인내하면서 노력하는 것이 곧 인생이다. 희망은 언제나 고통의 언덕 너머에서 우리들을 기다린다.

― 맨스필드

자기 스스로 정신적으로 성장하고, 다른 사람들의 성장에도 도움이 되어라. 그것이 곧 인생을 사는 올바른 길이다.

― 톨스토이

✤

인생은 엄숙한 사건과 같은 감동을 주는 반면 익살스런 것을 늘어놓기 매우 좋아한다. '인생은 곧 유희입니다. 아름답고 행복하다면, 그것은 유희입니다.'

― 헤세

✤

자기 자신을 싸구려 취급하는 사람은 타인에게도 역시 싸구려 취급을 받는다.

― 헤즐릿

✤

인생에 있어 중요한 기회란 부탁받은 것보다 더 많은 것을 베푸는 사람에게 찾아오는 법이다. 부디 가장 평범한 일이라도 가장 비범하게 대하라. 위대한 일을 훌륭하게 처리할 수 있는 기회를 평생 얻지 못할 수도 있다. 그러나 작은 일을 훌륭하게 해낼 수 있는 기회는 우리 모두에게 공평하게 찾아오는 법이다.

― 브라운

✤

두려움과 진정으로 맞서 싸울 때,
당신은 그곳에서 힘과 경험과 자신감을 얻는다.
당신은 당신이 할 수 없다고 생각하는 일을 해야만 한다.

― 루스벨트

인생이란 우리가 숨쉬는 것을 그치기 전에 끝내 버리기엔 너무나도 위대한 것이다.

― 레마르크

⚜

인생이 '한 권의 책'이라는 비유는 참으로 눈부시다. 아무렇게나 책장을 넘기는 사람, 정성들여 한 장 한 장 넘기는 사람, 한동안 같은 페이지만 펼쳐 놓는 사람, 오늘 그대는 어떤 페이지를 열고 있는가?

― 작자 미상

⚜

만약에 당신이 변호사가 되려고 결심했다면 그것만으로도 당신 목표의 절반은 완성된 것이나 다름없다. 꼭 성공하고야 말겠다는 굳은 결심이 무엇보다도 중요한 것임을 항상 명심하라.

― 링컨

⚜

자선사업을 위한 시설은 그것을 건설하는 사람들 중에서, 이웃에 대한 동정심과 거기에서 나오는 자선의 마음에 대한 이해가 완전히 없어진 것을 나타낼 뿐이다.

― 톨스토이

⚜

자기가 똑똑하다고 생각하는 사람은, 더할 나위 없이 바보이다. 왜냐하면 인간은 단 한 번이라도 어리석은 짓을 하지 않는 일이 없기 때문이다.

― 볼테르

자기 자신의 등불이 되어라. 그리고 자신을 위한 피난처가 되어라. 너의 등불을 켜놓고 다른 피난처를 찾지 말라.

— 석가

✤

자신이 저지른 실수를 다른 사람의 경우와 비교해 볼 수는 있다. 그러나 결코 그 실수 때문에 속상해하지는 말아라. 실수 역시 우리의 삶의 한 부분이기 때문이다. 실수도 우리의 인생에서 삶의 중요한 과정임을 잊지 말아라. 실수의 어떤 작은 과정일지라도 결코 소홀히 하거나 놓치지 말아라. 그것이 곧 삶의 성공에 이르는 최선의 길이다.

— 러셀

✤

자기의 잘못을 고백하는 것은, 오늘은 어제보다 한층 더 현명하게 되었다는 것을 의미하므로 결코 부끄러워할 필요가 없다.

— 포프

✤

자선은 곧 내 집에서 비롯된다. 만일 자선을 베풀기 위해 어딘가로 갈 필요가 있다면 네가 베풀려는 자선은 진정한 자선이라 할 수 없다.

— 톨스토이

✤

자신에 대한 존경, 자신에 대한 지식, 자신에 대한 억제, 이 세 가지가 우리들의 삶에 절대적인 힘을 가져다준다.

— 테니슨

젊은이여, 자기 자신을 무기력하다고 생각해서 스스로 절망의 구렁텅이로 빠져드는 일이 없도록 하라. 먼저 자기 자신이 무력하다고 생각하지만 않는다면 인간은 누구나 결코 무기력하지 않기 때문이다.

- 펄벅

⚜

자신의 영적 본성을 깨닫고 그것에 의지하여 생활하라. 그러면 너는 절망 대신 무엇에 의해서도 결코 파괴되지 않고 끊임없이 커지는 희열을 반드시 느낄 수 있을 것이다.

- 톨스토이

⚜

좋은 책을 읽거나 좋은 예술을 가까이 해도 역시 좋은 감화를 받는다. 그러나 가장 큰 감동을 주는 것은 선한 생활의 모범이다. 세상 사람들의 선한 생활은 선한 생활을 영위하는 사람들뿐만 아니라, 그러한 생활을 보고, 알고, 훗날에 얘기를 듣는 사람들에게도 큰 행복이 된다.

- 톨스토이

자신의 의무를 소홀히 하고 오직 오락에만 빠져 있는 것이 도의에 어긋나는 것처럼, 진실한 인류의 정신적 행복에 이바지하지 않는 학문에 종사하는 것도 도의에 어긋난다고 할 수 있다.

― 톨스토이

✤

정욕의 노예가 된다면, 그러한 욕망은 자신의 영혼과는 본디 인연이 없는 것이며, 단지 일시적으로 다가와 그 진정한 본성을 너한테서 가리는 어두운 그림자에 지나지 않는다는 것을 반드시 명심하라.

― 톨스토이

✤

작은 것들은 때때로 우리를 위로한다. 왜냐하면 작은 것들이 우리를 괴롭히기 때문이다.

― 파스칼

✤

잘못했다고 인정하는 것을 결코 부끄러워할 필요가 없다. 바꾸어 말하면 오늘은 어제보다 현명해졌다는 뜻이기 때문이다.

― 포로

✤

태양은 저녁이 되면 석양이 물든 지평선으로 지지만, 아침이 되면 다시 떠오른다. 태양은 결코 이 세상을 어둠이 다스리도록 놔두지 않는다. 태양은 밝음을 주고, 생명을 주고 따스함을 준다. 태양이 있는 한 절망하지 않아도 된다. 희망이 곧 태양이기 때문이다.

― 헤밍웨이

정신의 성숙은 빛으로 넘치는 힘보다 진실로 고귀하다. 우리의 마음 속에 있는 영원한 것은 시간이 우리들에게 가져다주는 파괴 작용을 이용하지 않으면 안 된다.

― 아미엘

⚜

조그마한 친절, 한마디의 사랑이 넘치는 말이 언젠가는 저 하늘나라처럼 이 땅을 즐거운 곳으로 만드는 씨앗이 된다.

― 카네기

⚜

진정한 사랑은 다른 사람에게 자신의 먹이를 나누어 주는 것이 아니다. 그것은 당신이 배가 고픔에도 불구하고 다른 사람과 함께 먹이를 나누어 먹을 수 있는 것이다.

― 작자 미상

⚜

어느 날 다윗 왕이 보석 세공인을 불러 명령하였다.
"나를 위해 반지 하나를 만들되, 거기에 내가 큰 승리를 거두어 그 기쁨을 억제하지 못할 때 그것을 조절할 수 있는 글귀를 새겨라. 그리고 그 글귀가 내가 절망에 빠져 있을 때 나를 일으켜 세울 수 있어야 한다."
보석 세공인은 곧 아름다운 반지 하나를 만들었지만 글귀가 생각나지 않아서 솔로몬 왕자를 찾아서 물었습니다.
그러자 솔로몬은 곧 대답했습니다.
"이 역시 곧 지나가리라!"

― 작자 미상

사람들에게 진정한 자선을 베풀기 위해서는 사람들의 칭찬과 내세에서의 보상에 대한 기대를 하지 않아야 한다.

— 톨스토이

⚜

조급히 굴지 말아라. 행운이나 명성도 한순간에 생기고 한순간에 사라진다. 그대 앞에 놓인 장애물을 달게 받아라. 그리고 이것과 싸워 이겨 나가는 데서 기쁨을 느껴라.

— 모로아

⚜

진실한 사랑은 영원하고 무한하며 언제나 변함없는 것입니다. 그것은 영원한 것이며, 마음은 항상 젊은 것입니다.

— 발자크

⚜

질투심이 많은 사람은 인간이 행복해지는 조건에서 벗어난 사람이다. 질투는 자신이 소유하고 있는 것에서 기쁨을 찾지 않고, 다른 사람이 가진 어떤 것을 부러워하고 괴로워하는 것이다. 진정으로 행복한 사람은 자신이 다스릴 수 있는, 자기가 가지고 있는 것을 사랑할 수 있는 사람이다. 남이 가지고 있는 것을 탐내지 않는 것, 그것이 곧 행복의 시작이다.

— 굴드

⚜

평평한 길을 걷다가도 쓰러질 때가 있다. 인간의 운명도 그러한 것이다. 하나님 이외의 아무도 진실을 아는 이가 없기 때문이다.

— 체호프

폭력과 강제가 있는 한 결코 전쟁은 세상에서 사라지지 않는다. 폭력은 폭력에 의해서가 아니라 그것에 대한 무저항, 그것에 대해 참여하지 않음으로써 오직 극복할 수 있다.

— 톨스토이

✤

인생은 활동하는 가운데 존재하며 무기력한 휴식은 곧 죽음을 의미한다. 우리들에게 눈이 두 개 있다고 해서 그만큼 더 조건이 좋아지는 것은 아니다. 한쪽 눈은 인생의 좋은 부분을 보며 또 한쪽의 눈은 나쁜 부분을 보는 데 사용된다. 세상에는 착한 것을 보는 쪽의 눈을 가리는 사람이 많으나 나쁜 것을 보는 눈을 가리는 사람은 몹시 드물다.

— 볼테르

✤

처음에 미인을 꽃에 비유한 사람은 천재지만, 두 번째로 같은 말은 한 인간은 바보다.

— 볼테르

✤

천문학자들은 그들의 시야를 움직이는 것처럼 보이는 별자리가 아니라 자신들이 천문대와 망원경을 설치한 지구라는 것을 알고 있지만, 그들은 역시 지구의 움직임이 아니라 별자리의 움직임을 기록한다. 기도도 바로 그것과 같다. 신은 개체가 아니다. 그러나 나는 개체이기 때문에, 자신과 신의 관계를 신이 개체가 아닌 것을 잘 알면서도 개체와의 관계로 표현할 수밖에 없다.

— 톨스토이

하루의 성공, 인생의 성공, 이 둘 사이에는 결코 아무런 차이도 존재하지 않는다.

— 작자 미상

✤

자연에서 숭배의 교정을 배우는 자는 가장 행복한 사람이다.

— 에머슨

✤

하늘에 단번에 오를 수 있는 사람은 하나도 없다. 하늘에 올라가려면 우리는 사다리부터 만들어야 한다. 그래야 우리는 낮은 땅으로부터 높은 하늘로 올라갈 수 있다. 우리는 정상을 정복하려면 한 계단씩 차례대로 열심히 올라가야 한다.

— 홀랜드

✤

한 사람이 어두운 밤길을 걸어가고 있었다. 이때 맞은편에서 장님이 등불을 들고 걸어오고 있었다. 이때 어떤 사람이 장님에게 물었다. "당신은 앞도 보지 못하는데 왜 등불을 들고 다닙니까?" 장님이 대답했다. "비록 나는 앞을 보지 못하지만 앞에서 오는 사람은 이 등불을 보고 길을 걸어갈 수 있기 때문이지요."

— 탈무드

✤

학문에 종사하는 사람들은 우리는 어떤 일을 연구하고 있으므로 그것은 반드시 언젠가 어디선가 누군가를 위해 반드시 도움이 될 것이라고 막연하게 말하고 있다.

— 톨스토이

우리는 저마다 사랑받기를 원한다.
사랑을 베푸는 데 그치지 않고 무엇인가를 되돌려받기를 바란다.
그리고 그 바람 안에서 의존하게 된다.
하지만 사랑은 반응이 아니다.
당신이 나를 사랑하니까 내가 사랑한다고 한다면,
그것은 곧 장사이며 시장의 풍경이다.
그것은 사랑이 아니다.
진정으로 사랑함은 대가를 바라지 않는 것이며,
당신이 상대에게 무엇을 주고 있다는 사실조차
느끼지 못하는 일이다.

— 크리슈나무르티

✤

학문은 그 목적을 인생의 법칙을 발견하는 데 두고 있을 때는 가장 중요한 인간의 일이 되지만, 어떤 특수한 계급의 호기심을 부추기는 일에만 몰두하여 연구하고 있을 때는 지극히 보잘것없고 어리석은 일이 된다.

— 톨스토이

한 포기의 들꽃도 꺾지 않는다. 그리고 벌레도 밟지 않도록 조심한다. 여름밤 램프 밑에서 일할 때 많은 벌레들의 날개가 불에 타서 책상 위에 떨어지는 것을 보는 것보다 차라리 창문을 닫고 무더운 공기를 호흡한다.

- 슈바이처

⚜

항상 같이 일하고 있는 사람들을 위해, 작지만 '아주 특별한 일'을 해주십시오. 누군가의 가슴을 따뜻하게 데워 주는 일, 그것이 곧 성공과 행복의 비결입니다.

- 콕

⚜

학문이란 세상 사람들의 행복에 더욱 필요한 그리고 더욱 높은 인식의 대상을 다루는 것이다.

- 톨스토이

⚜

행복은 깊이 느낄 줄 알고, 단순하고 자유롭게 생각할 줄 알고, 삶에 도전할 줄 알고, 남에게 필요한 삶이 될 줄 아는 능력으로부터 나온다.

- 제임슨

⚜

행복은 자신이 현재 그것을 누리고 있다는 의식 속에 존재하는 것이지, 결코 미래에 그 행복의 약속이 이루어진다는 데 있는 것은 결코 아니다.

- 상트

행복은 들뜬 야망에 있는 것이 아니라 부드럽고 단순한 애정 속에 존재한다. 목이 마를 때 바닷물을 들이켜서 갈증을 푸는 것이 아니라 조그만 옹달샘에서 솟아나는 맑고 깨끗한 물을 마셔야 갈증이 풀린다.

— 카스텔라

✥

행복은 오히려 주는 자의 몫이다. 다른 사람에게 사려 깊게 행동하는 것, 그의 인생에 도움이 될 수 있는 아이디어를 말해 주는 것, 그리고 친절하게 말을 하는 것, 진심에서 우러나오는 마음으로 남의 짐을 들어 주고 이해하는 것, 그것은 당신의 일부를 남에게 주는 것이다. 그것은 당신이 당신의 가슴에 깊이 간직하고 있던 어떤 것을 꺼내어 남의 가슴에 따스하게 데워 주는 것이다.

— 벌

✥

행복은 우리가 행복에 대해 생각하지도 못하거나 어떠한 일에 열중해 있을 때 찾아온다. 다른 사람에 대한 걱정으로 자기 자신을 미처 돌볼 겨를이 없을 때 찾아오는 것이 바로 행복이다. 어떤 상황, 어떤 인간관계에 있어 자기 자신을 까마득히 잊었을 때 진정으로 행복하다는 뜻이다.

— 루이제 린저

✥

현대의 인간은 모두 목숨을 사랑하고 있다. 왜냐하면 현대인은 고통과 공포를 모두 사랑하고 있기 때문에.

— 도스토예프스키

결코 죽느냐 사느냐 하는 절체절명의 위기에 이르지 않도록 하라.
그것이 부부생활의 첫째 비결이다.

― 도스토예프스키

❖

매사에 감사하며 받는 자에게 많은 수확이 있다.

― 블레이크

❖

값진 진주를 바다에 떨어뜨린 사람이 있었다. 그래서 그것을 주우려고 바가지로 물을 퍼내기 시작했다. 이때 바다의 정령이 나타나서 물었다. "곧 그만두겠는가?" 그러자 그 사람이 대답했다. "바닷물을 다 퍼내고 진주를 찾으면 그만두겠습니다." 그래서 바다의 정령은 진주를 찾아와 그에게 주었다.

― 톨스토이

❖

미소는 햇빛과 같은 것이다.
미소는 하루 종일 만드는 것이다.
미소는 인생을 가볍게 살도록 만드는 것이다.
미소는 먹구름을 몰아내는 것이다.
미소를 보는 사람은 기쁨이 많아진다.
그리고 자신의 용기가 백 배가 되는 것을 느낀다.
미소는 음악과 같은 것이다.
미소는 주위 사람들을 명랑하게 만들고,
우리의 삶을 더욱 윤택하게 만들기 때문이다.

― 작자 미상

개개인의 생활도 전 인류의 생활도 육체와 영혼의 끊임없는 투쟁이다. 이 투쟁에서 승리한 자는 언제나 영혼이지만 그것은 결코 결정적인 승리가 아니라 이 투쟁은 무한하다. 그러한 무한한 투쟁이 바로 인생의 근본이다.

– 톨스토이

⚜

행복이란 그 사람의 희망과 재능에 꼭 알맞은 일이 있는 상태를 말한다. 불행이란 일할 힘을 가지고 있으면서도 곧 할 일이 없는 상태를 말한다.

– 나폴레옹

⚜

과녁을 명중시키려면 그 과녁보다 위를 겨냥해야 하듯이 매사에 공정하려면 반드시 자기를 희생해야 한다. 말하자면 자기 자신에게는 오히려 불공정해야 하는 것이다. 오로지 공정하려고만 하면 결국 자신에게 너그러워져서 다른 사람들에게는 불공정하게 되어 버린다.

– 톨스토이

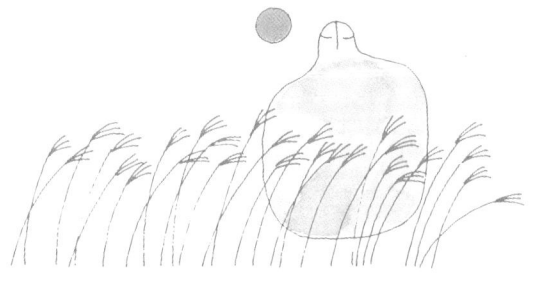

가르치는 것은 솔선수범에 의해서만 가능하다. 그리고 악을 복수하는 것을 가르치는 것이 아니라 타락시키는 것이다.

— 톨스토이

✤

결코 세상 사람들의 사랑을 구하지 말라. 그들이 미워한다 해도 두려워하지 말라. 사람들은 종종 악이기 때문에 사랑하고 선이기 때문에 미워한다. 인간이 아니라 신의 칭찬을 받을 수 있도록 항상 노력하라.

— 톨스토이

✤

나는 해가 뜰 때 잠자리에서 일어났다. 행복하였다.
그리고 거리를 산책했다. 행복하였다.
나는 부모님을 만났다. 행복하였다.
나는 숲과 언덕을 돌아다녔다. 행복하였다.
골짜기를 헤매었다. 책을 읽었다. 한가롭다.
정원에서 일하였다. 과일을 땄다. 집안 일을 거들었다.
가는 곳마다 행복이 나의 뒤를 따르는 것이었다.
결국 행복은 어떤 일정한 틀 속에 있었던 것이 아니라
"나는 이 세상에 불을 지르러 왔다. 이 불이 이미 타올랐다면 얼마나 좋겠느냐? 그리고 내가 받아야 할 세례가 있다. 이 일을 다 겪어 낼 때까지는 내 마음이 얼마나 괴로울지 모른다. 내가 이 세상을 평화롭게 하려고 온 줄로 아느냐? 아니다. 사실은 분열을 일으키러 왔다."

— 누가복음

진정한 삶을 이해하지 못하는 사람들의 근본적인 고뇌의 원인은 그들이 모든 사람이 공평하게 나눠 가질 수 없는 남으로부터 강제로 빼앗지 않으면 안 되는 것을 쾌락으로 생각하는 데 있다. 남으로부터 그들에게 필요한 것을 빼앗는 것은 사람들에게 진실한 행복을 주는 모든 사람에 대한 선, 사랑의 가능성을 빼앗는 것이다. 그러므로 그러한 쾌락을 얻기 위해 기울이는 노력이 크면 클수록 인간에게 하나뿐인 행복인 사랑은 더욱 불가능해진다.

— 톨스토이

✢

희망은 인정이 많다. 희망은 자기를 추구하고 갈망하는 사람을 결코 외면하지 않는다. 이처럼 어머니같이 다정다감한 희망을 피할 이유가 없다.

— 폴레

✢

꽃에 향기가 있듯이 사람에게도 품격이란 것이 있다. 꽃도 그 생명이 싱싱할 때에 향기가 신선하듯이 사람도 그 마음이 맑지 못하면 품격을 보전하기 어렵다. 썩은 백합꽃은 잡초보다 오히려 그 냄새가 고약하다.

— 셰익스피어

✢

'욕망이 적으면 적을수록 인간은 더 행복해질 수 있다'고 하는 것은 예부터 변함없는 진리이다. 그런데도 사람들은 아직 아무도 그것을 인정하려 하지 않는다.

— 리히텐베르크

기적은 반드시 일어난다. 그것은 실제로 나타나기 때문이 아니라 믿어지기 때문이다.

— 루터

❖

희망의 시간에서 절망의 시간으로, 그리고 그 절망의 시간에서 죽음의 시간까지는 단 한 발자국밖에 되지 않는다.

— 세이페르트

❖

과거를 바꾸는 일은 아예 불가능하다. 그리고 현재를 바꾸는 것도 결코 쉽지 않은 일이다. 하지만 과거의 실패와 실수로부터 그 무언가를 배움으로써 내일은 그 무엇이나 가능하다.

— 알렌루트

❖

교육상 가장 중요한 문제는 어린이에게 영향을 미치는 암시를 엄격하게 선택하는 것이다.

— 톨스토이

❖

나는 내 운명을 결코 한탄하거나 핑계 삼지 않았다. 그러나 딱 한 번 신발이 없어 그것을 살 돈마저 없었을 때 나도 모르게 불평한 적이 있었다. 나는 그때 쿠파의 한 커다란 이슬람교 회당에 들어갔는데, 거기서 나는 우연히 발이 없는 사람을 보았다. 그래서 나는 신발이 없을 뿐 온전한 두 발을 가진 것에 대해 하느님에게 깊이 감사했다.

— 사디

그때에 베드로가 예수께 와서 "주님, 제 형제가 저에게 잘못을 저지르면 몇 번이나 용서해 주어야 합니까? 일곱 번이면 되겠습니까?" 하고 묻자 예수께서는 이렇게 대답하셨다. "일곱 번뿐 아니라 일곱 번씩 일흔 번이라도 용서하여라."

– 마태복음

⚜

어진 사람은 모든 것을 자신에게서 찾고, 소인은 모든 것을 남에게서 찾는다.

– 논어

⚜

권력은 인간을 마침내 교만하게 만드는데, 시는 사람에게 인간의 한계를 회상시킨다. 권력은 인간의 관심의 범위를 좁히는데, 시는 이를 깨끗하게 만든다.

– 톨스토이

⚜

나쁜 일에 대한 진정한 형벌은 범죄자 자신의 마음 속에서 생기는 것이며, 인생에서 행복을 누리는 그의 능력이 감소하는 데 있다. 외부로부터의 형벌은 오직 범죄자를 반발하게 할 뿐이다.

– 톨스토이

⚜

나의 진정한 행복은 신의 일에 참여하는 것이다. 그리고 또 나는 나에게 주어진 도구인 나의 영혼을 정돈하고, 깨끗이 하고, 예민하게 하고, 올바르게 하여야만 비로소 신의 일에 동참할 수 있다.

– 톨스토이

네가 베풀 수 있는 선은 지금 당장 베푸는 것이 좋다. 왜냐하면 기회는 한 번 지나가면 다시 되돌아오지 않기 때문이다.

― 톨스토이

⚜

실패는 마치 잔혹한 선생님과 같다. 하지만 그것은 인생의 최고의 선생님이다.

― 스마일스

⚜

돈은 절대적인 힘을 가진다. 그와 동시에 평등의 극치이기도 하다. 돈이 가지는 위대한 힘은 바로 그것이다. 돈은 모든 불평등을 평등하게 만든다.

― 토스토예프스키

⚜

나그네들은 여인숙의 방과 마당을 더럽히고 부수고 난 뒤, 자신들에게 방과 마당을 마음대로 쓰게 한 여인숙의 주인을 맹렬히 비난한다. 이와 같이 세상의 사람들은 이 세상의 악에 대해 신을 비난한다.

― 톨스토이

⚜

남에게 봉사하기 위해 자신의 생명을 희생하는 것이 남을 희생시키는 것보다 낫다는 것을 깨닫기 위해서는, 세계에 대한 자신의 관계를 확립하는 것이 반드시 필요하다. 그렇게 세계와 인간의 관계를 확립할 수 있는 것은 오직 신앙뿐이다.

― 톨스토이

꿀벌이 다른 곤충보다 존경을 받는 까닭은 부지런함 때문이 아니라 남을 위해서 일하기 때문이다.

― 크리소스톰

✣

남편이 아내를 선택하는 것이 아니라 곧 아내가 남편을 선택하는 것이다. 자기가 낳을 자식들을 위해 더 좋은 아버지를 찾아 주려거든 여자도 무엇이 선이고 악인지 잘 알아야 한다. 세상의 여성들은 가장 먼저 그것부터 배워야 한다.

― 톨스토이

✣

대다수의 사람들이 미망에 빠져 있다고 해서 미망을 미망이 아니라 할 수는 없다.

― 작자 미상

✣

돈, 그것은 아무리 되지 못한 인간이라도 최고급의 지위로 이끌어 주는 단 하나의 길이다.

― 토스토예프스키

누구에게나 진실하게 되는 것은 모든 일에, 그리고 작은 일에 있어서 진실하게 행동함으로써 시작된다. 당신의 정직성에 있어서 사소한 타협도 하지 않도록 자신을 굳게 지켜라. 큰 무너짐의 원인은 자그마한 틈새에서 비롯된다.

— 맥스웰

✤

뉘우침이란 곧 현재의 순간순간을 어떻게 행동해야 했는지에 대한 반성이다.

— 톨스토이

✤

당신이 세상을 살아가는 동안 할 수 있는 가장 끔찍한 실수 중의 하나는, 당신이 다른 사람을 위해 일하고 있다고 생각하는 것이다.

— 작자 미상

✤

한 사제가 착하게 살아가는 농부의 고해를 받으면서, 평소에 하던 대로 하느님을 믿느냐고 물었다.
"믿지 않습니다." 농부가 대답했다.
"어째서 신을 믿지 않습니까?"
"신부님, 만일 신을 믿는다면 이런 식으로 살 리가 있겠습니까? 오직 자기만 생각하고 먹고 마시며, 하느님과 형제들에 대해서는 까맣게 잊어버리고……."
세상의 모든 사람들이 이 농부처럼 신앙을 이해하고 그리스도의 계율을 믿는다면 얼마나 좋을까!

— 톨스토이

당신과 나는 날개가 하나밖에 없는 천사이다. 우리가 하늘을 날기 위해서는 서로를 꼭 껴안아야 한다.

— 크레센조

⚜

남자가 맹세하면 여자는 배반하는 법이다.

— 셰익스피어

⚜

당신이 걱정만 하고 있는다면 반드시 현실도 걱정한 대로 될 것이다. 왜냐하면 걱정하는 것 그 자체가 당신이 그렇게 되기를 원하는 쪽으로 움직이게 하기 때문이다.

— 머피

⚜

당신의 삶 중에서 가장 영광된 순간은 성공의 날이 아니라, 비탄과 절망 가운데에서도 결코 꺾이지 않고 삶에 도전하려는 힘이 솟아나고 미래에는 반드시 그 일이 이루어질 것이라 굳게 믿는 순간에 있다.

— 플로베르

⚜

만일 봄이 일 년에 한 번씩이 아니라 백 년에 한 번씩 찾아온다면, 그것도 소리 없이 오는 것이 아니라 지진처럼 천지를 진동시키면서 온다면, 이 기적 같은 변화에 사람들은 얼마나 경이와 기대감을 가질 것인가? 생각하라. 지금 우리를 둘러싸고 있는 그 모든 것의 경이로움을······.

— 롱펠로

에디슨은 발명을 몹시 좋아했다. 포드는 자동차를 좋아했다. 케더링은 연구를 좋아했다. 라이트 형제는 비행기를 좋아했다. 그렇기에 어떤 이는 이렇게 말했다.
"조심스럽게 결심하라. 왜냐하면 당신이 결정한 것을 언젠가는 반드시 얻게 될 것이기 때문이다."
오직 온 힘을 기울여 일하는 사람들만이 그들의 꿈을 실현시킬 수 있는 것 아닌가.

― 작자 미상

❖

만약 누군가가 너에게 나쁜 짓을 저질렀다고 해도 그것을 잊고 용서하라. 만약 네가 그때까지 그런 경험이 없었다면 너는 '용서한다'는 새로운 기쁨을 경험하게 될 것이다.

― 톨스토이

❖

만약 사람이 자기 마음 속에서 품고 있는 수많은 욕망 가운데, 어느 것이 진실하고 영원한 '나'의 욕망인지 정확하게 판단할 수만 있다면, 그에게는 결코 잘못도 없고 나쁜 행동도 없을 것이다. 그러기 위해서는 자기 자신을 알지 않으면 안 된다.

― 톨스토이

❖

물질적으로 돕는 것은 자신의 희생이 따라야 선이라 할 수 있다. 그때 비로소 물질적 도움을 받은 사람은 정신적 도움을 받은 것이다.

― 톨스토이

만약 삶이 행복이라면 삶의 필연적 조건인 죽음도 행복이라고 하지 않으면 안 된다.

— 톨스토이

✤

그 어느 것도 확실치 않다는 것은 모든 것이 가능하다는 것이다.

— 드래블

✤

돈을 가진 사람은 가난한 사람이 그들의 허무한 운명을 하소연하는 소리를 가장 듣기 싫어한다.

— 토스토예프스키

✤

만일 우리들의 삶을 물질과 욕심으로 가득 채운다면, 그리고 스스로를 가볍게 여겨 우리들의 삶의 모든 순간을 행동으로 채워야 한다고 생각한다면, 동방 박사 세 사람처럼 사막을 건너는 멀고 지루한 여행을 할 시간은 언제나 가질 수 있을는지? 아니면 그때 그 양치기처럼 앉아서 별을 바라볼 시간은 언제나 가질 수 있을는지? 우리들 각자에게는 여행해야 할 사막이 있다. 그리고 발견해야 할 별이 있다. 생명을 부여해야 할 존재가 우리 안에 있다.

— 작자 미상

✤

결코 참된 지식을 멀리해서는 안 된다.
왜냐하면 진실이 없이는
행복도 마침내는 파괴되고 말기 때문이다.

— 페스탈로치

많은 사람들이 실수했을 때 계속해서 그대로 밀고 나가서 또 똑같은 실수를 저지르고 만다. 나는 '노력하라. 또 노력하라' 라는 속담을 굳게 믿고 있다. 단지 나는 그것을 이렇게 해석할 뿐이다. '노력하라. 그리고 멈추어 서서 생각하라. 그리고 또 노력하라.'

― 싱글턴

✤

말이 적은 남자가 가장 훌륭한 남자이다.

― 셰익스피어

✤

무엇을 쳐다보고 있는지도 모르면서 쳐다보고 있는 사람, 그리고 어디에 서 있는지도 모르면서 서 있는 사람은 참으로 불행하다.

― 탈무드

✤

멀리 가면 갈수록 정말 아는 것은 적어진다. 그러므로 현자는 여행하지 않아도 알아야 할 것은 알고, 사물을 보지 않아도 그것이 어떤 것인지 알며, 자신이 직접 뛰어들지 않고도 위대한 일을 하는 것이다.

― 노자

✤

바람도 조류도 우리와 항상 함께 하는 것은 아니다. 그리고 우리가 헤쳐 나가야 할 위험하고 어두운 바다 또한 항상 맑을 수는 없는 것이다. 그러나 우리는 마침내 닻을 올렸으며 수평선은 희망으로 가득 차 있다.

― 케네디

박해는 모든 인위적인 지주支柱를 파괴하고, 인간이 의지하고 살아가야 할 신앙을 밖으로 불러낸다는 점에서 소중하다.

- 톨스토이

✤

행복은 내 인생의 유일한 선이다.
행복이 있는 곳은 바로 여기이다.
행복한 시간은 바로 지금이다.
행복해지는 길은 오직 다른 사람들을 행복하게 만드는 것이다.

- 잉거솔

✤

별들은 어두운 밤에 가장 밝게 빛난다. 포도는 포도즙 틀에서 으깨어질 때 가장 진한 향기를 내뿜고, 어린 나무들은 바람이 가장 세차게 불어올 때 더욱 뿌리를 깊게 내린다. 종려나무는 압축할수록 더욱 진가가 높아진다. 이 세상의 모든 것들은 가장 어려운 시험을 받을 때 가장 큰 승리를 거두고, 가장 큰 고난이 닥쳤을 때 가장 큰 영광을 얻게 된다.

- 보카트쉬키

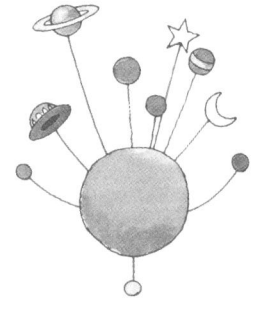

지식은 사람에게 필요한 무기다.
그러나 무기를 잘못 쓰면 도리어 자신을 해치듯이
지식도 진실의 뒷받침이 없으면
오히려 몸을 망치기 쉽다.
진정한 지식은 꾸밈새 없는 순진한 마음에서 솟아나는 것이다.
진실과 함께 있는 지식은 불행을 물리칠 수 있는 힘이 된다.
사람은 역경에 처해 있는 때일수록 진실한 지식을 몸에
지니도록 해야 한다.
그리고 순탄하고 행복한 환경에 처해 있을 때에도

미소는 돈이 안 들지만 많은 것을 만들어 낸다. 미소는 주는 사람을 가난하게 하지 않으면서 받는 사람을 부유하게 해준다. 미소는 아주 짧은 순간에 일어나지만 그 기억은 때로 영원하다. 미소는 가정에서 행복을 만들고 사업체에서는 호의를 돋우고 친구임을 확인시킨다. 미소는 지친 사람에게는 휴식이고, 낙심한 자에게는 햇빛이고, 슬픈 사람에게는 양지이며, 문제 해결에 대한 최상의 방책이다. 그러나 미소는 살 수도, 구걸할 수도, 빌릴 수도 또는 훔칠 수도 없다. 왜냐하면 미소는 주어서야 비로소 누구에게라도 아름다워지는 신비한 것이기 때문이다. 남에게 줄 만한 미소가 남아 있지 않은 사람처럼 미소를 필요로 하는 사람은 없다.

— 블룸

✢

사람은 남이 틀리는 것만큼 자기 자신과도 틀릴 때가 있다.

— 루소

박해 속에서 위험한 것은, 고통이 아니라 자신에 대한 연민과 그로 인해 박해자에 대해 좋지 않은 감정을 품게 되는 일이다.

— 톨스토이

✤

배우지 않은 슬픔이여, 이것은 게으름뱅이의 자기 변명이다. 그렇다면 공부를 하라! 공부한 일이 있으니까 이제는 공부하지 않는다는 말도 우스꽝스런 말이다. 과거에 기대를 갖는다는 것은 과거를 한탄함과 마찬가지로 어리석은 일이다. 이미 진행된 일에 대해서는 그 진행된 사실 속에 묻어 버리는 것이 현명하다.

— 알랑

✤

보통사람들이 무지한 원인을 유심히 관찰해 보면 자신에게 유리한 암시의 수단으로 이용하려는 자들이 끊임없이 퍼뜨리고 있는 온갖 미신 때문이다.

— 톨스토이

✤

언젠가 많은 것을 말해야 할 사람은 많은 것을 가슴 속에 말없이 쌓는다. 언젠가 번개에 불을 켜야 할 사람은 오랫동안 구름으로 살아야 한다.

— 니체

✤

분노는 기묘한 사용법을 지닌 무기다. 다른 무기는 사람이 사용하지만 분노라는 무기는 거꾸로 우리를 사용한다.

— 몽테뉴

부정보다 나쁜 것이 있다. 그것은 사이비 그리스도교 세계에서 흔히 볼 수 있는 거짓 선행, 거짓 사랑, 하느님에게 대한 거짓 봉사이다. 사람들은 사랑의 법칙을 실천하는 척하면서 정의의 요구를 외면하고 자못 우쭐하여 부정에 빠져든다. 그들은 교회에 헌금하고 가난한 사람들에게 자선을 베풀지만, 그들이 교회에 바치는 것은 그의 형제들이 피땀 흘려 만든 결과물이다.

— 톨스토이

✢

삶은 힘겨운 현실이다. 그럼에도 삶을 가능하게 하는 유일한 방법은 다음에는 무엇이 찾아올까를 정확하게 아는 것이 아니라 오히려 사는 동안 끊임없이 계속되는 불확실함이다.

— 르긴

✢

사람에게는 그다지 많은 결점이 있는 것은 아니다. 거만한 태도를 고쳐라! 그러면 많은 결점이 저절로 고쳐지리라.

— 루소

✢

어린이의 종교는 부모의 행동으로부터 나온다. 그들의 생활을 움직이는 내면적이고 무의식적 이념, 그것이 어린이에게 영향을 미치는 것이다. 어린이는 부모의 신앙을 본능적으로 예감하고 그것을 꿰뚫어본다. 그러므로 교육의 근본은 먼저 자기 자신을 교육하는 것이며, 어린이의 의지를 지배하기 위해 지켜야 하는 첫 번째 원칙은 자기 자신을 지배하는 것이다.

— 아미엘

불성실한 벗을 가질 바에야 차라리 적을 가지는 편이 낫다.

— 셰익스피어

✢

불행이란 불가사의한 것이다. 우리가 그것에 대해서 이야기하면 더욱더 불행이 심해진다. 우리는 그 원인과 그것이 끼치는 영향을 올바르게 이해함으로써 그것을 반드시 극복할 수 있다.

— 베토벤

✢

뿔뿔이 흩어져 가는 것, 그것은 가을의 낙엽이다. 태양이 낮아지면 겨울이 다가온다. 그리고 겨울 다음에는 봄이 찾아오고 만물을 소생시키는 봄이 찾아온다. 지금이 바로 그때이다.

— 라므네

✢

어떤 사람이 세상에서 똑똑한 사람일까?
모든 사물로부터 그 무언가를 배우는 사람을 말한다.
어떤 사람을 굳센 사람이라 할까?
자기 자신을 이기는 사람을 말한다.
어떤 사람을 넉넉한 사람이라 할까?
자기 자신에 만족해하는 사람을 말한다.

— 탈무드

✢

사람들은 모두 자신이 항상 이해하기 쉬운 것은 중요한 것이 아니고, 무엇인가 이해하기 어렵고 중대한 것은 위대하다고 느낀다.

— 톨스토이

사람들에게는 다만 세 가지 사건밖에 없다. 사람이 세상에 태어나는 것과 사는 것과 죽는 것뿐이다. 태어날 때는 자기도 모르고, 죽을 때는 몹시 괴로워하며, 살아 있는 동안은 그것을 잊어버리고 산다.

– 브뤼이에르

❖

사람들은 우리가 원래 이기주의자로 세상에 태어났기 때문에 어쩔 수 없이 인색하고 음탕한 존재라 말한다. 하지만 결코 그렇지 않다. 가장 중요한 것은, 우리가 원래 어떤 모습이어야 하는지 마음 속 깊이 느끼는 일이다. 그것이 반드시 우리에게 힘을 줄 것이다.

– 솔터

❖

사람들의 불행의 대부분은 죄가 많은 사람이 자신에게 형벌권이 있다고 생각하는 데서 온다. 복수는 나에게 있으니 내 이를 반드시 갚으리라.

– 톨스토이

❖

선한 사람의 죽음은 대부분 조용하고 평온하다. 그러나 각오하고 죽는 것, 스스로 나아가 기꺼이 죽는 것은 자기를 버린 자, 살려는 의지를 거부하며 그것을 포기한 자의 특권이다. 왜냐하면 이러한 사람은 진실로 죽기를 원하는 자이며, 따라서 자아의 존속을 더 이상 필요로 하지 않고 또 요구하지도 않기 때문이다.

– 쇼펜하우어

사람에게 가장 중요한 일은 실패했다고 해서 낙심하지 않는 일이며, 성공했다고 해서 기뻐 날뛰지 않는 일이다.

— 도스토예프스키

✣

사람은 누구에게도 사랑받지 못한다는 것은 커다란 고통이다. 인생을 살아가면서 누구도 사랑할 수 없다는 것은 곧 삶 속의 죽음이다.

— 라이크스터

✣

사람들의 행위를 선한 일 악한 일로 나누는 올바른 기준이 있다. 그 행위가 사람들의 사랑과 합일을 증대시킨다면 그것은 선행이고, 불화와 분열을 조정한다면 악행이다.

— 톨스토이

✣

삶의 기술이란 하나의 어떤 기대를 놓고 그것을 위하여 자신의 온 힘을 쏟는 것이다.

— 모로아

삶의 진정한 의의는 자신에게 계시되는 것을 기꺼이 받아들일 마음가짐이 되어 있는 사람에게는 바로 계시되지만, 자신이 좋아하고 습관이 된 생활을 깨뜨리지 않는 삶의 의의 외에는 인정하지 않겠다고 마음먹고 있는 사람에게는 결코 계시되지 않는다.

― 톨스토이

⚜

새는 모두 어디에 둥지를 틀어야 할지 잘 알고 있다. 어디에 둥지를 틀어야 할지 알고 있다는 것은, 새가 제 사명을 알고 있다는 뜻이다. 그런데 만물의 영장인 인간이 새도 알고 있는 것을, 즉 자신의 사명이 무엇인지를 몰라도 되는 것일까?

― 중국 금언

⚜

죄 없는 사람은 자신이 아무리 큰 이익을 얻을 수 있다 해도 남에게 슬픔을 주지 않기 위해 배려한다. 죄 없는 사람은 자신에게 악을 행한 자에게도 악을 저지르지 않도록 배려한다.

어떤 사람이 아무 까닭도 없이 자신을 미워하는 사람을 같이 미워한다면, 그는 결국 죄책감만 갖게 될 것이다.

악을 저지르는 자들에 대한 최대의 형벌은 그에게 커다란 선을 베풂으로써, 자신의 행위를 부끄럽게 여기게 하는 데 있다.

자신의 이웃을 고통에서 벗어나게 하려고 노력하지 않으면, 아무리 학식이 있다 한들 그것을 어디에 쓴단 말인가?

아침에 남에게 악한 마음을 품는다면, 저녁에는 악이 반드시 그를 찾아올 것이다.

― 인도의 쿠랄

슬픔이란 언제나 혼자서는 찾아오지 않는다. 뒤에는 떼를 지어 몰려오는 법이다.

― 셰익스피어

✤

사계절이 저마다 특징이 있듯이 모든 자의 행위가
그를 스스로 자신에게 어울리는 상태로 이끌고 간다.
모욕을 받은 사람은 편안하게 잠을 이루고 눈을 뜨며,
기쁨 속에 살 수 있지만, 남을 모욕한 자는 파멸할 것이다.
아무리 괴로워도 화내지 않도록 하라.
그리고 행동이나 마음 속으로 어떤 사람도 모욕하지 말라.
누군가를 불쾌하게 만드는 말을 하지 않도록 하라.
그것들은 모두 행복을 달성하는 데 방해가 된다.

― 마누법전

✤

설령 그것이 우리에게 운명의 따뜻한 손에 의해 주어지든 차가운 손에 의해 주어지든, 인생의 한 순간 한 순간을 가능한 한 최상의 것이 되게 하는 것, 이것이 곧 삶의 예술이며, 이성적 존재자의 진정한 특권이다.

― 리히텐베르크

✤

세상의 사람들은 자신의 삶이 공허함을 느끼기 때문에 사방으로 뛰어다니면서 스스로 만족을 찾는다. 그러나 그들을 끌어당기는 새로운 위안의 공허함을 아직 깨닫지 못하고 있다.

― 파스칼

중국의 현자 가운데 묵자墨子가 있다. 그는 권력가들에게 힘과 부와 권력에 대한 존경심이 아니라 사랑에 대한 존경심을 사람들에게 불러일으키라고 충고했다. 그는 말했다. "사람들은 부와 명성을 사랑하도록 교육받았기 때문에 그것을 사랑하고 있습니다. 그들이 사람을 사랑하도록 가르쳐 보십시오. 틀림없이 사람을 사랑하게 될 것입니다."

맹자가 그 말에 찬성하지 않아서 묵자의 가르침은 문제를 삼지 않았다. 그러나 그 뒤 2천 년이 지난 오늘날, 그 가르침은 바로 그것과 똑같은 말을 하는 진정한 그리스도교의 빛을 사람들로부터 가리는 것이 사라진 뒤에, 그리스도교 사회에서 실현될 것이다.

— 톨스토이

⚜

사람을 만날 때, 상대방이 자신에게 어떤 방법으로 도움이 될지 생각하지 말고, 자신이 상대방에게 어떻게 봉사할 수 있는지를 먼저 생각하라.

— 톨스토이

⚜

사람의 육체에는 중요한 여섯 가지가 있는데 그 중 세 가지는 자신이 지배할 수 없지만 다른 세 가지는 자신의 힘으로 지배할 수 있다. 눈·코·귀가 전자이고 입·손·발이 후자이다.

— 탈무드

⚜

악인은 남을 해치기 전에 자기 자신부터 해치는 법이다.

— 아우구스티누스

선을 베풀 수 있을 때 그것을 베풀지 않는 자는 결국 괴로워하게 된다.

― 사디

✤

삶의 의의를 외면한 채 살고 싶다면 담배·술·아편에 절어 육체적 마비상태 속에서 살거나, 온갖 유흥과 모든 종류의 오락에 빠져 감성적 마비상태 속에서 살면 된다.

― 톨스토이

✤

상품들이 팔리고 있는 것을 살펴보라. 그것들은 모두 여성들이 쓰는 사치품들이 많다. 여성들이 자신들의 쓸데없는 사치가 얼마나 큰 해악을 낳는지 이해한다면 얼마나 좋을까!

― 톨스토이

✤

선행이란 사람이 자기 자신에게 해야 하는 봉사이다. 설령 제 세상도 없고 세계를 다스리는 신도 존재하지 않더라도 선행은 반드시 필요한 인생의 법칙이다. 무엇이 옳은지 알고 그것을 실천하는 일, 그것이야말로 곧 인간의 의무이자 특권이다.

― 라마야나

✤

세상에는 인생의 의의 같은 것은 알 수 없는 거라고 생각하는 사람들이 많으며, 그런 것을 알고 싶어하지 않는 것을 자신들이 현명하다는 증거라도 되는 듯 자랑한다.

― 파스칼

세상에서 가장 행복한 사람이란 하찮은 재물로서 만족하는 사람이며 이러한 점에서 볼 때 위인과 야심가는 가장 딱한 사람이다. 왜냐하면 그들이 행복해지기 위해서는 재물을 한없이 긁어 모아야만 되기 때문이다.

– 루소

✤

세상에는 두 종류의 행복이 있다. 하나는 정신의 평화, 또 하나는 언제나 밝은 마음이다. 전자는 사람이 자신에게 아무런 가책도 느끼지 않고, 세속적인 행복이 덧없음을 똑똑히 의식할 때 생기는 정신상태이며, 후자는 자연이 준 선물이다.

– 칸트

✤

세상의 사람들은 저마다 부富를 찾는다. 그러나 만약 그들이 부富 때문에 자신들이 잃는 것이 무엇인지 확실하게 안다면, 그들이 현재 부富를 얻기 위해 쏟고 있는 노력을 부富에서 곧장 벗어나기 위해 힘쓸 것이다.

– 톨스토이

✤

신앙에는 두 가지 종류가 있는데 첫째는 어떤 사람 또는 어떤 사람들이 말하는 것을 믿는 것으로 이런 신앙은 세상에 수없이 많다. 그리고 둘째는 자신과 자신을 이 세상에 보낸 자의 관계를 믿는 것이다. 이것이야말로 신을 믿는 것이며, 이 신앙은 세상의 모든 사람에게 오직 하나이다.

– 톨스토이

승자는 실수했을 때 "내가 잘못했다"고 말한다.
그러나 패자는 실수했을 때 "너 때문에 이렇게 되었다"고 말한다.
승자는 지는 것을 두려워하지 않지만 패자는 이기는 것도 은근히 염려한다.
승자는 구름 위의 태양을 보고 패자는 구름 속의 비를 본다.
승자는 눈을 밟아 길을 만들지만 패자는 눈이 녹기만을 기다린다.
승자가 즐겨 쓰는 말은 "다시 한번 해보자"이지만 패자가 자주 쓰는 말은 "해봐야 별수 없다"이다.
승자는 꼴찌를 해도 의미를 찾지만 패자는 일등을 했을 때만 의미를 찾는다. 승자는 달리는 도중에 이미 행복하지만 패자는 경주가 끝나야 행복이 결정된다.
승자는 자기보다 우월한 자를 만나도 존경하고 배울 점을 찾지만 패자는 자기보다 나은 자를 만나면 질투하고 비판할 일만 찾는다.
승자는 강한 자에게 강하고 약한 자에게 약하지만 패자는 강한 자에게 약하고 약한 자에게 강하다.
승자는 모든 문제에서 해답을 보지만 패자는 모든 해결에서도 문제를 찾는다. 승자는 죽을 때까지 성장하지만 패자는 죽기 전에 이미 성장을 스스로 포기한다.

― 작자 미상

✤

아이들에게 도덕에 대해 아무리 그럴듯하게 설교한다 해도, 그들의 눈앞에서 벌어지는 어른들의 야만적이고 부도덕한 행위가 정면으로 그것과 모순되어 있다면 도대체 무슨 소용이 있겠는가.

― 스트루베

신앙심이 약한 자는 다른 사람에게 신앙심을 결코 불러일으킬 수 없다.

― 노자

❖

손을 얹고 당신의 인생관이 어떤 것인지 살펴보아라. 당신의 도덕관은 또 어떤지를 살펴보아야 한다. 하지만 더 중요한 것은 당신의 매일매일의 생활 습관을 살펴보는 일이다. 반드시 불행의 원인이 그 속에 들어 있을 것이다.

― 러셀

❖

슬픔이란 누구든지 이겨낼 수 있는 일이다. 그런데 이 슬픔을 이겨내지 못하는 사람은 늘 슬픔뿐이다.

― 셰익스피어

❖

신은 인간의 마음 속에서 많은 것과 공존할 수 있지만, 자신이 두 번째 자리에 앉는 것은 용납하지 않는다. 신에게 두 번째 자리를 내주는 것은 전혀 자리를 주지 않는 것과 같다.

― 러스킨

❖

악은 진리의 법칙에 대한 우리의 무지의 결과이다. 진리의 법칙에 대한 무지는 우리를 이 세상에서 불행하게 만들고, 가는 곳마다 불행하게 만든다. 무엇보다 우리의 무지에서 해방되도록 노력하자. 그러면 우리의 불행은 저절로 물러갈 것이다.

― 말로리

신앙은 영혼 속에 반드시 존재하는 특성이다. 인간은 무엇인가를 믿게 되어 있다. 왜냐하면, 인간은 단순히 자기가 알고 있는 대상뿐만 아니라 알지는 못하지만 이 세상에 존재하는 누군가와도 관계를 갖지 않을 수 없기 때문이다. 이 알 수 없는 존재와의 관계가 바로 신앙이다.

— 톨스토이

✣

신에게 봉사하는 것이 사람에게 봉사하는 것보다 좋은 점은, 많은 사람 앞에서는 자기도 모르게 잘 보이고 싶어지고 나쁘게 보이면 화가 나지만, 신 앞에서는 그럴 일이 없다. 신은 네가 어떤 사람인지 잘 알고 있으며, 신 앞에서는 아무도 너를 비방할 수 없으므로 너는 굳이 겉모습을 꾸밀 필요 없이 실제로 더 나은 사람이 되도록 노력하면 된다.

— 톨스토이

✣

신은 우리를 더욱 선하게 더욱 행복하게 할 수 있는 모든 것을 우리의 눈앞에 그리고 우리 가까이에 갖다 두었다.

— 세네카

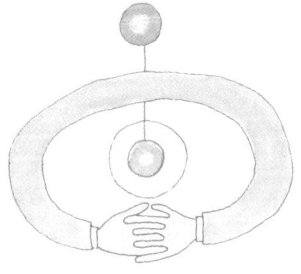

실패하는 사람들의 90퍼센트는 실제로 실패를 당한 것이 아니라 그들은 단지 그만둔 것뿐이다.

― 마이어

⚜

아메리카의 인디언들은 자신이 원하는 것을 만 번 이상 되풀이하여 말하면 그 일은 반드시 이루어진다고 믿었다고 한다. 지금 당신이 원하는 바는 무엇인가? 지금 당신의 입 속의 중얼거림은 과연 무엇인가?

― 작자 미상

⚜

항상 서둘러 전진하라. 그리고 결코 멈추거나 후퇴하거나 옆길로 빠지면 안 된다. 멈추면 앞으로 갈 수 없고 걸음을 중단하면 후퇴하게 되며 그리고 화가 나면 옆길로 빠진다. 만약 현재의 자신과 다른 존재가 되고 싶다면 항상 스스로에게 불만을 가져라. 언제 어디서 멈추든 한번 멈춰 버리면 이미 끝난 것이다. 만약 이 정도면 충분하다고 자만한다면 오직 멸망이 기다리고 있을 뿐이다.

― 아우구스티누스

⚜

개개인의 생명의 의의는, 개인적인 자기 완성과 일에 대한봉사 속에 있다. 인간에게 생명이 있는 한 반드시 자기를 완성할 수 있고 세계에 봉사할 수도 있다. 그러나 자기를 완성함으로써 비로소 세계에 봉사할 수 있고, 또 세계에 봉사함으로써 비로소 자기를 완성할 수 있다.

― 톨스토이

어떻게 하면 영혼이 부패되는 것을 막을 수 있는가에 대해서는 그리 배울 필요가 없으며, 다만 '내가 알고 있는 것'을 실천하기만 하면 된다.

- 소로

✤

아첨은 야심으로 가득 찬 거짓 애교이다. 그리고 아첨을 허용하는 자는 독사와 같은 야심으로 가득 찬 허영이 있기 때문이다.

- 루소

✤

아침에 잠자리에서 눈을 뜰 때마다 오늘은 무슨 좋은 일을 할까 스스로 묻도록 하라. 그리고 마침내 태양이 서쪽으로 기울면, 나에게 예정된 삶의 일부도 함께 사라지는 거라고 생각하라.

- 인도 격언

✤

아침의 여명이 우리의 삶의 시작이 되게 하고, 저녁의 일몰이 삶의 마지막이 되게 하라. 그 삶의 하나하나에, 다른 사람들에게 베푼 사랑의 행위의 각인과, 자기 자신에 대한 선한 노력의 각인이 남도록 하라.

- 러스킨

✤

안락한 생활을 추구하는 것만큼 인간에게 불행한 것은 없다. 그러므로 어릴 때부터 어린이에게 일하는 것을 가르치는 것은 매우 중요하다.

- 칸트

어느 날 강 속의 물고기들이 물고기는 물 속에서밖에 살 수 없다고 얘기하는 인간들의 목소리를 들었다. 그 말을 엿들은 물고기들은 몹시 놀라서 물이 뭔지 아는 물고기가 없느냐고 서로 물어 보았다. 이때 한 영리한 물고기가 말했다. "바닷속에 공부를 많이 한 지혜로운 늙은 물고기가 한 마리 있는데 무엇이든 다 알고 있다더군. 우리 바다로 헤엄쳐 가서 그 노인한테 물이 무엇인지 물어 보자." 그리하여 물고기들은 지혜로운 물고기가 살고 있는 바다에 찾아가서, 물은 어떤 것이며 어떻게 하면 물에 대해 알 수 있는지 자세히 물어 보았다. 그러자 지혜로운 늙은 물고기가 말했다. "물이란 우리가 그것에 의해 살고 있고, 그리고 그 속에서 살고 있는 것이다. 너희들이 물을 모르는 것은 너희들이 그 속에서 살며 그것에 의해 살고 있기 때문이지."

– 수퍼

✤

앞으로 다가올지도 모르는 불행을 미리 근심하는 것보다 눈앞의 불행을 이겨내려는 마음을 갖는 것이 더 현명한 일이다.

– 루소

✤

오늘은 새로운 날이다. 오늘 쏟아 넣은 것은 어떤 것이든 다시 끄집어낼 수가 있다. 큰 실패를 체험했다 할지라도 우리에게는 또다시 도전할 기회가 있다. 그리고 몇 번씩이나 되풀이하여 실수했더라도 언제나 다시 출발할 수 있는 충분한 기회가 있다. 실패라는 것은 쓰러지는 것이 아니라 잠시 멈추는 것이기 때문이다.

– 픽포드

아무리 복잡하고 어려운 일이라도, 오로지 신의 심판 앞에 모든 것을 두면 당장 간단명료해지고 만다.

— 톨스토이

❖

언제 끝날지 모르는 자신의 삶이 세상 사람들의 비참한 웃음거리가 되지 않기 위해서는 삶의 의미가 그 지속기간의 길고 짧음과는 관계없이 어떤 특별한 의의를 가지지 않으면 안 된다.

— 톨스토이

❖

언제나 불행한 생활 속에 자신을 가두려고 애쓰는 사람들이 있다. 그들은 그것을 위해 기를 쓰며 바쁘게 움직이고 바삐 돌아다닌다. 이 사람들의 가장 큰 만족, 가장 큰 요구는 삶의 기쁨을 만나자마자 곧바로 거기에 고집스럽게 우울한 작용을 하여 그 기쁨에 찬물을 끼얹는다. 그러한 사람들은 매우 불행하지만 그 불행의 책임이 바로 자기 자신에게 있음을 깨달아야 한다.

— 톨스토이

❖

여성들이여, 만약 너에게 다음의 어느 쪽을 원하느냐고 물으면 뭐라고 대답하겠는가? 깨끗하고 건강하며 아름다운 육체에 초라한 옷을 입겠는가? 아니면 불구이고 병든 육체에 번쩍이는 황금의 옷을 걸치고, 화려하게 꾸미고 다니겠느냐? 추악하고 더럽고 혐오스러운 정신을 반짝이는 황금옷으로 장식한들 무슨 소용이 있단 말인가? 그것은 바로 어리석음의 극치가 아닐까?

— 즐라토우스트

어떤 처지에 놓여 있는 인간이라도 자신이 해야 할 행위에 대한 가장 확실한 지침으로서 예수 그리스도가 그 가르침 속에서 제시한 기준만 있으면 충분하다. 오직 그 가르침만을 믿고, 다른 모든 가르침은 믿지 않도록 해야 한다. 마치 항해하는 선장이 항해지도와 나침반만 믿고, 주위에 있는 여러 가지를 살피며 이리저리 키를 변경해서는 안 되는 것과 같다.

— 톨스토이

✣

언젠가 날고자 하는 사람은 이러한 것을 배워야 한다. 먼저 서는 것, 걷는 것, 달리는 것, 기어오른 것, 춤추는 것을 반드시 배워야 한다. 처음부터 나는 법을 배울 수는 없다.

— 니체

✣

어린이가 보는 앞에서 잘못된 행동을 보여주면서 그들을 훈계하는 것은 헛되고 우스꽝스러운 일이다.

— 톨스토이

✣

언젠가는 사랑이 인간생활의 보편적인 법칙이 되어, 오늘날 사람들이 겪고 있는 온갖 불행이 사라질 날이 반드시 올 것이다.

— 에머슨

✣

온화하고 말이 적은 행동은 여성이 지닐 수 있는 최선의 장식물이다.

— 톨스토이

여성의 선량함에는 끝이 없지만 그 사악함에도 끝이 없다.
훌륭한 아내는 남편에게 참으로 세상에서 값진 선물이요, 악한 아내는 남편에게 마치 악성 종양과도 같다.

— 탈무드

✣

여성은 인생의 사명에 있어서 남성과 조금도 다를 바가 없다. 그 사명은 곧 신에 대한 봉사이다. 단지 다른 것이 있다면 그 봉사의 대상뿐이다. 인생에 있어서의 여성에게 주어진 사명은 남성의 사명과 똑같으며, 신에 대한 봉사는 똑같은 방법, 즉 사랑에 의해 실현되지만, 대부분의 여성에게 이 봉사의 대상은 남성보다 한정되어 있다. 그 대상은 차례대로 새롭게 태어나는 신의 사업을 위한 일꾼들을 사랑으로 키우고 가르치는 일이다.

— 톨스토이

✣

만약 죽음이 두렵다면 그 원인은 죽음 속이 아니라 우리의 마음 속에 있다. 선량한 사람일수록 죽음을 두려워하는 일이 적다.
성자는 이미 죽음이 존재하지 않는다.

— 톨스토이

✣

우리가 자신의 생활을 보장하기 위해 여러 가지로 하고 있는 일은 마치 타조가 자신이 살해당하는 것을 보지 않으려고 머리를 숨기는 것과 같다. 불확실한 미래의 생활을 불확실하게 지키려고, 뚜렷한 현재의 생활을 확실히 파괴하고 있는 것이 우리들이니까.

— 톨스토이

여자는 누구든지 각기 자신의 옷을 가져야 한다. 그러나 세상에는 이만한 일도 못 깨닫는 여자가 수천, 수만 명이 있는 것이다. 오직 그들은 유행에 따른 옷만 입으면 되기 때문이다.

― 도스토예프스키

⚜

여자는 아름다우면 아름다울수록 더욱 정결해야 한다. 여자는 오직 정결에 의해서만, 자신의 아름다움이 낳는 위험한 해악에 대항할 수 있다.

― 레싱

⚜

영혼의 완성이 우리의 하나뿐인 목적이라는 것은 죽음을 생각하면 그 밖의 목적이 곧 무의미해지는 것만 봐도 알 수 있다.

― 톨스토이

⚜

오늘날 부유층의 생활을 옆에서 지켜 보고 있으면 그들이 자기 생활의 안전을 보장하겠다는 듯 여러 가지 하고 있는 일들은 자신들의 생활의 안전이 절대로 보장되지 않으며, 또한 보장될 리가 없다는 것을 잊기 위함이라는 것을 곧 알 수 있다.

― 톨스토이

⚜

우리가 내일 추수하기를 바라는 열매는 바로 오늘의 씨앗 속에 숨겨져 있다. 우리가 내일 이루어야 할 목표나, 반드시 해결해야 할 문제는 오늘의 근면 · 희망 · 믿음 그리고 착한 행동에 달려 있다.

― 존슨

우리가 다른 사람에게 줄 수 있는 최고의 선물은 그가 가진 것을 발견할 수 있도록 도와주는 것이다.

― 디즈레일리

✤

겉으로 드러난 결과는 우리의 의지로 어떻게 할 수 없지만 노력은 언제나 가능하며, 그리고 노력에는 항상 좋은 내면적인 결과가 따르기 마련이다.

― 톨스토이

✤

우리가 도덕적 완성에 이르는 길은 매우 불가능하다. 그러나 그 길을 향해서 계속 다가가는 것은 인생의 법칙이다.

― 톨스토이

✤

우리가 이 세상에서 반드시 이루어야 할 특별한 위업이 따로 있는 것은 아니다. 우리의 생애가 위업이 아니면 안 된다.

― 톨스토이

✤

우리가 이 세상에서 저지를 수 있는 가장 큰 죄악은 그날 아침 잠자리에서 깨어났을 때와 똑같이 이 세상에서 아무것도 배우지 못하고 잠자리에 드는 일이다.

― 버스카글리아

사람은 어떻게 살아야 하는가

우리에게 주어진 모든 일을 변화시키지는 못한다. 그러나 우리는 반드시 알아야 한다. 부딪히지도 않고 변화시킬 수 있는 일은 이 세상에 아무것도 없다는 것을.

— 볼드윈

✣

우리가 진심으로 선을 베푸는 것은 자신도 모르는 사이에 자기 자신에게서 빠져나가 그 사람 속에서 살 때이다.

— 톨스토이

✣

우리는 주위 사람이나 주위의 사정에 불만을 느낄수록 그리고 자신에게 만족을 느낄수록 예지에서 점점 더 멀어진다.

— 톨스토이

✣

우리들은 과거에 있어서 예술가를 무엇이라고 말할 수도 없이 태만한 인간이라 취급하였거니와 또는, 그 예술을 사랑하는 사람들을 사내답지 못하다고 생각해왔다. 하지만 이것은 커다란 잘못을 우리 스스로 저지른 것이다.

— 톨스토이

누구에겐가 사랑한다는 말을 하고 싶다면 결코 내일로 미루지 마십시오. "어머니, 저예요. 지금 새벽인 줄 알지만 어머니께 꼭 하고 싶은 말이 있어요. 사랑해요!"
아마도 지금 이 순간이 그녀의 생애에서 가장 뜻깊은 순간일지도 모릅니다. 내일은 있습니다. 그러나 그것이 내 것일 수 있다는 보장은 절대로 없습니다.

- 버스카글리아

✣

우리는 자신의 마음 속에 입과 마음의 완전한 침묵에 의한 정적의 세계를 건설하지 않으면 안 된다.

- 롱펠로

✣

우리들은 무거운 쇳덩어리를 운반하는 방법을 연구하는 데에는 막대한 경비를 쓰지만, 우리들 자신이 하고 있는 일에 능률을 높이거나 그리고 시간을 절약하는 방법에 관해서는 결코 머리를 쓰려고 하지 않는다.

- 레아드

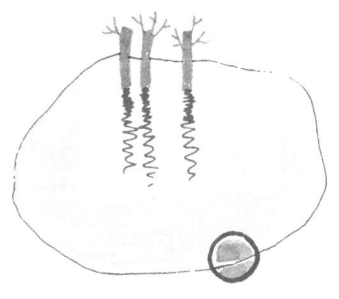

우리는 사랑을 주고받으며, 자연을 감상하고, 자신의 상처와 다른 사람들의 상처를 치유하며, 용서하고 봉사할 수 있는 모든 기회를 찾아볼 수 있습니다.

– 보리센코

✤

인간은 자기가 할 수 있는 일에 대해서든 그리고 할 수 없는 일에 대해서든 결코 불평해서는 안 된다.

– 톨스토이

✤

이 세상을 살아간다는 것은 연극이다. 그것은 장부를 기록하는 것과는 다르다. 자기 자신에게 충실히 살려고 한다면, 늘 성실하게 연습하는 자세로 살아야 한다.

– 사로얀

✤

우리들은 때때로 친구에 대한 불평과 불만을 어물거리는 수가 있다. 그것은 떳떳치 못한 자기 자신을 미리 정당화하기 위해서이다.

– 루소

✤

우리들은 행복이라는 물건을 만들 수 있는 재료와 힘을 가지고 있는데, 그것은 돌보지 않고 만들어져 있는 행복을 찾고 있다. 그러나 행복이란 파는 물건이 아닌 이상 살 수 없다는 것을 알아야 한다.

– 알랑

이웃에 대한 물질적 도움보다 그를 정신적으로 돕는 것이 바로 자선이라 할 수 있다. 정신적 도움은 먼저 이웃을 비난하지 않고 그 인간적 존엄성에 경의를 표하는 것이다.

— 톨스토이

⚜

우리에게는 모든 행동에 대한 확고한 법칙이 주어져 있고, 그 법칙에 따른 저마다의 행동은 어떠한 권력에 의해서도 저지당하거나 압박을 받을 수 없다. 그 법칙의 실천은 감옥 안에서도, 고문이나 죽음의 위협 하에서도 가능하다.

우리의 사명에는 끝이 없다. 우리는 그 원천을 거의 모르고 있고, 그 궁극적인 목적을 전혀 모르고 있다. 시간과 지식, 온갖 계시는 그 한계를 더욱 넓힐 뿐이다. 수백 년의 시간이 지남에 따라 그것은 우리가 극히 일부밖에 이해할 수 없는 자신의 법칙을 모색하면서 우리가 모르는 운명의 높은 곳으로 올라가는 것이다.

— 마치니

⚜

의로운 사람들이 하는 일은 마치 흙에 뿌려진 씨앗과 같은 것으로 그것은 때때로 흙 속에 오랫동안 움직이지 않고 묻혀 있지만, 그것이 따뜻한 태양과 비를 만나 새롭고 신선한 수분과 싱싱한 생명력을 흡수하면, 그 씨앗에서 싹이 트고 자라서 아름다운 꽃을 피우고 마침내 열매를 맺게 된다. 그러나 폭력과 부정에 의해 뿌려진 씨앗은 썩거나 시들어 흔적도 없이 사라지고 만다.

— 탈무드

이 세계는 결코 허구의 세계가 아니며 그리고 단순한 시련을 위한 세상도 아니고, 더 나은 영원한 세계로 안내하기 위한 세상도 아니다. 그것 역시 영원한 아름답고 즐거운 세계, 우리가 우리와 함께 사는 사람들과 우리 뒤에 살게 될 모든 후손들에게 아름답고 즐거운 곳이 되게 할 수 있는 아름다운 세계다.

— 톨스토이

✤

이 세상에서 완전하게 올바르게 행동하는 사람은 아무도 없다. 그러나 세상에서 정직한 인간이 오로지 진실만을 얘기하려고 노력함으로써 거짓말쟁이와 구별되듯이, 정의로운 사람은 그 정의롭고자 하는 노력에 의해 정의롭지 못한 사람과 구별된다.

— 톨스토이

✤

이 세상의 삶을 모두 개선하는 사업에 대한 우리의 참여가 아무리 보잘것없는 것이라 할지라도 그것은 반드시 필요한 것이다. 왜냐하면 사람들의 그러한 작은 노력에서 우리가 지금 누리고 있는 행복을 향한 모든 작용이 일어나기 때문이다. 그러므로 비록 아무도 쳐다보지 않고 아무도 재촉하지 않더라도 적당히 넘기지 말고 모든 일에 진지하게 고삐를 잡아당겨라.

— 톨스토이

✤

'나는 할 수 있다'로는 그 어느 것도 이루어 낼 수 없다. 인생의 경이로움을 만들어 내는 것은 '나는 할 거야'다.

— 번햄

이 세상의 아주 사소한 일 가운데에서도 신의 힘을 인식하는 사람은 지극히 높은 이해력과 높은 이상을 가진 사람이라 할 수 있다. 이러한 사람은 자기 자신과 타인을 존중하며, 사소한 일도 가볍게 보지 않고, 그러한 것들도 모두 하느님의 힘이 나타난 것으로 본다.

— 루미

✣

인간으로서 우리들의 과제는 우리들 자신의 오직 한 번뿐인 개인의 생애에 있어서 동물로부터 인간으로 한 발자국 나아가는 일이다.

— 헤세

✣

인간은 동물이 아니다. 인간은 사실 고정된 것도, 완성된 것도 아니다. 한 번뿐인 것도, 일시적인 것도 아니며, 계속 생성하는 것이며, 시작이며, 예감이며, 미래며, 새로운 형식과 가능성에 대한 자연의 구상이며 그리움이다.

— 셰익스피어

✣

우리는 죽음이 우리를 기다리고 있다는 것을 확실히 알고 있다.

— 조지

✣

인간은 종종 자신의 마음 속에 아무리 노력해도 시간의 흐름 속에 묻어 버릴 수 없는 영원한 것이 있기 때문에 불행할 때가 있다.

— 칼라일

인간은 자신의 마음에 신이 살고 있는 정도에 따라 신을 볼 수 있다. 시인 안젤루스가 말했듯 내가 신을 보는 눈은 그대로 신이 나를 보는 눈이다.

— 아미엘

✣

인간은 세상을 사는 동안 몇 개의 단계를 반드시 거친다. 아기·아이·어른·노인. 하지만 인간이 어느 단계에 있든지 간에 그는 언제나 자신을 '나'라고 말한다. 또한 '나'는 그에게 있어서는 항상 같다. 아이이거나 어른이거나 노인이거나 모두 똑같이 '나'로 존재한다. 그리고 이 변하지 않는 '나'가 바로 우리들이 '영혼'이라 부르는 것이다.

— 톨스토이

✣

인간의 사명은 곧 자신의 영혼을 지키는 일이다. 자신의 영혼을 지킨다는 것은 영혼을 기르고 늘리는 일이다. 그 방법은 오직 사랑을 통해서 이루어진다.

— 톨스토이

✣

인간의 삶의 궁극적인 목적을 이해할 수 없다. 그것은 마치 목재를 나르는 노동자가 그 집의 형태와 목적을 모르는 것과 같다. 그러나 자신이 그 건설에 참여하고 있는 집이 매우 훌륭하며, 그에게 있어서나 다른 사람에 있어서나 꼭 필요하다는 것은 알 수 있다. 그것이 바로 신앙이다.

— 톨스토이

인간은 하늘이 내리는 불행은 피할 수 있지만, 스스로 부른 불행은 도저히 피할 수 없다.

− 동양 속담

✤

인간은 한순간도 낡은 과거 속에서 얽매이는 일 없이, 끊임없이 자기 자신을 바로잡고, 매일 아침 우리에게 새 날을, 그리고 매 시간마다 새로운 생활을 가져다주는 일을 다시 하기 위해, 기만을 밝히기 위해 진리와 선을 일으키기 위하여 태어나고 있다.

− 에머슨

✤

인간의 강령은 동일한 것이 아니다. 생각만으로, 또 말만으로 동일하게 하는 자보다도 자기에 반대하는 자, 적대하는 자쪽이 보다 많은 것을 배우게 된다.

− 헤세

✤

인간이 인간에게 벌을 준다고 하는, 본디 인정할 수 없는 권리를 설령 인정한다 해도, 도대체 어떤 인간이 그 권리를 인간에게 행사할 것인가? 오로지 자신들의 죄를 알지 못하고 그것을 까맣게 잊어버릴 정도로 타락해 버린 인간들뿐이지 않은가.

− 톨스토이

✤

인간의 종교는 극히 적지만 자신이 굳게 확신하는 것, 그것을 믿는 데 아무런 어려움을 느끼지 않는 것으로 되어 있다.

− 칼라일

인간이 무엇을 해야 할 것인지 알고 있는 것은 자신이 알아야 할 모든 것을 알고 있다는 뜻이다.

— 톨스토이

✣

인간의 이성과 육체의 욕심 사이에는 끊임없는 투쟁이 일어나고 있다. 만약 우리 인간에게 이성만 있고 육체의 욕심이 없거나 반대로 육체의 욕심만 있고 이성이 없다면, 나름대로 평화를 얻을 수 있으나 그의 내면에는 이 두 가지가 공존하고 있기 때문에 도저히 그 투쟁을 피할 수가 없으니, 한쪽과 싸우지 않으면 다른 한쪽과 평화롭게 지낼 수가 없다. 그러므로 인간은 항상 분열해서 자기 자신과 대립하게 된다.

— 파스칼

✣

인간의 선덕善德은 그 사람의 특별한 노력이 아니라 오직 하루하루의 행위에 달려 있다.

— 파스칼

✣

인간의 세계는 끊임없이 자기 완성을 향해 나아가고 있다. 그 완성에 대한 의식이 인간에게 가장 큰 기쁨이고, 그리고 그 완성에 참여함으로써 그 기쁨은 비로소 더욱 커진다.

— 톨스토이

✣

인간의 영혼에는 신성함이 깃들어 있다.

— 톨스토이

인간의 영혼은 곧 신의 등불이다.

― 탈무드

✣

인생을 살면서 실패하면 절망에 빠질지도 모른다. 그러나 실패가 두려워서 시도해 보지도 않는다면 그 사람의 인생은 이미 끝난 것이나 다름없다.

― 실즈

✣

인간이 자기보다 높은 존재를 다 알 수 있다고 생각하는 것은 지나친 오만이며, 자기보다 낮은 존재에 모든 관심을 기울일 수 있다고 생각하는 것은 굴욕이다. 자신의 영원한 상대적 위대함과 왜소함을 인정하는 것, 신에 다다를 힘은 없지만 신에게 복종하는 것에 만족하는 것, 자기보다 낮은 생물을 사랑과 자비로 대하면서, 그 동물적 욕망을 품지 않고 그것을 모방하지 않는 것, 그것이 신에 대해서는 경건함이고 그 피조물에 대해서는 선량함이며, 곧 자기 자신에 대해서는 현명함이다.

― 러스킨

인간이 저지른 악은 이 세상에서는 그것을 저지른 자에게 돌아오지 않을지 모르지만 그러한 나쁜 행위를 부른 나쁜 감정은 반드시 그 사람의 마음속에 흔적을 남겨 그 무언가의 형태로 그를 괴롭힐 것이다.

― 톨스토이

✢

인생은 걸어가는 그림자에 지나지 않는다.

― 셰익스피어

✢

인생에 있어 꿈을 품고 무언가 할 수 있다면 지금 시작하십시오. 새로운 일을 시작하는 용기 속에는 당신의 천재성과 능력과 기적이 모두 숨어 있습니다.

― 괴테

✢

인생에서의 가장 큰 기쁨은, 세상 사람들이 모두 당신은 할 수 없다고 말하는 것을 반드시 해내는 것이다.

― 파로트

✢

인생은 그것이 의무의 수행이며 봉사라는 걸 깨달을 때 비로소 합리적인 의미를 지닌다.

― 톨스토이

✢

인내하라, 경험하라, 조심하라. 그리고 반드시 희망을 가져라.

― 에디슨

인생은 걸어가는 그림자에 지나지 않는다. 한동안 무대 위에서 뒤풍거리다가 곧 소문조차들을 수 없게 되는 가련한 배우인 것이다.

— 셰익스피어

✤

인생은 화살이다. 그러므로 당신은 표적이 무엇인가를 알아야 한다. 활을 어떻게 사용할 것인지를, 그 다음 당신은 활에 화살을 장전하여 그것을 날려보내야 한다.

— 타이크

✤

인생을 살면서 생각하는 것이 인생의 소금이라면 희망과 꿈은 인생의 사탕이다. 그리고 꿈이 없다면 인생은 쓰다.

— 리튼

✤

인생의 목적은 인생의 모든 일에 사랑을 침투시켜, 서서히 그리고 끊임없이 나쁜 삶을 선한 삶으로 바꾸어 가는 것이고, 진실한 삶을 창조하는 것이며, 그런 진실한 삶을 통해 사랑으로 가득 찬 삶을 만들어가는 것이다.

— 톨스토이

✤

인생의 의의를 결정하는 것은, 사람이 신을 향해 무엇 때문에 자신을 이 세상에 보냈느냐고 물을 때는 매우 난처한 질문이 되지만, 자기 스스로를 향해 무엇을 해야 하느냐고 물을 때는 매우 간단해진다.

— 톨스토이

인생의 의의는 우리를 이 세상에 보낸 힘이 우리에게 원하는 것을 가장 잘 실천하는 데에 있다. 그렇게 실천하고 있는지를 아는 것은 언제나 가능하다. 양심이 곧 그것을 지적해 줄 테니까. 그러므로 오로지 양심에 귀를 기울이며 그것을 더욱더 예민하게 정성껏 가꿀 필요가 있다.

— 톨스토이

✤

자기완성이란 말하자면 자신의 자아를 육체적 생활에서 정신적 생활, 즉 시간도 없고 죽음도 없으며, 모든 것이 행복할 수 있는 정신생활로 옮겨가는 것이다.

— 톨스토이

✤

인생의 의의를 모르는 사람은, 좋은 책을 열심히 읽은 친구가 찾아와도 그가 무엇을 하고 있는지 모르는 사람과 같다. 사람들이 좋은 책을 읽고 있는데도 귀를 기울이지 않고 이해도 하지 못하며 그들 사이를 서성거리고 있는 사람은, 우스꽝스럽고 어리석고 가련한 사람이다.

— 톨스토이

✤

자신은 남으로부터 분리된 존재이며, 남도 역시 각각 서로에게서 분리된 존재라는 의식은 시간과 공간이라는 생활조건에서 나온 것에 지나지 않는다. 그러한 서로의 거리가 사라질수록 우리의 삶은 더욱더 즐겁고 기쁜 것이 된다.

— 톨스토이

인간이 보통사람을 아는 것은 한 사람의 인간을 아는 것보다 쉽다.

- 루소

⚜

사랑이 정복할 수 없는 어려움이란 없다.
사랑이 치료할 수 없는 병도 없으며
사랑이 열 수 없는 문도 없으며
사랑이 건널 수 없는 바다도 없고
사랑이 무너뜨릴 수 없는 벽도 없으며
사랑이 뉘우치게 할 수 없는 죄도 없습니다.
근심의 뿌리가 얼마나 깊은지는 문제가 되지 않는다.
앞날이 얼마나 절망적으로 보이는지도
매듭이 얼마나 단단한지도 문제가 되지 않는다.
충만한 사랑은 이 모든 것을 녹여 버릴 수 있다.
충분히 사랑할 수만 있다면 당신은
이 세상에서 가장 행복하고 강한 사람이 될 것이다.

- 팍스

⚜

자신은 선을 베풀고 있는데도 불행을 느끼는 사람은 신을 믿고 있지 않거나 그가 선으로 생각하고 있는 것이 실제로는 선이 아니거나 그 둘 중의 하나이다.

- 톨스토이

⚜

인생의 진정한 행복은 선한 일 그 자체이다.

- 스피노자

자신의 말이든 남의 말이든 결코 믿지 말고 자신의 행위와 남의 행위를 믿어라.

― 톨스토이

✣

자신의 희생보다 여성의 특성에 잘 어울리는 것은 없다. 이와 반대로 여성의 이기주의만큼 나쁜 것도 없다.

― 톨스토이

✣

자신에게 신앙 같은 건 없다고 말하는 사람들이 있다. 그러나 그것은 새빨간 거짓말이다. 그들은 자신들의 신앙에 대해 잘 모르거나 그것을 나타낼 수 없거나 나타내고 싶지 않을 뿐이지, 어쨌든 모두 신앙을 가지고 있다. 다만 자기들의 신앙이 자랑스러운 것이 아니어서 그렇게 말하는 것뿐이다.

― 톨스토이

✣

자신을 희생하여 모든 힘을 사랑이라는 형태로 신에게 바치는 진정으로 순결한 처녀는 인간 중에서도 가장 훌륭하고 행복한 존재이다.

― 톨스토이

✣

자신의 생명을 정신적 자기완성 속에 두는 사람은 결코 불만을 느끼는 일이 없다. 왜냐하면 자신이 원하는 것은 언제나 자신의 지배 아래에 있기 때문이다.

― 파스칼

자신의 처지에 불만이 있을 때, 우리는 그것을 두 가지 방법으로 바꿀 수 있다. 즉 하나는 자신의 생활 조건을 개선하는 것이고, 또 하나는 자신의 마음가짐을 개선하는 것이다.

- 에머슨

⚜

자신의 사상은 항상 손님처럼 대하고 자신의 욕망은 항상 어린애처럼 대하라.

- 중국 속담

⚜

자신의 사상을 하늘 높이 들어 올리는 자에게는 매일매일이 밝고 화창하다. 구름 위에는 언제나 태양이 빛나고 있으니까.

- 톨스토이

⚜

자신의 일을 찾아낸 사람은 참으로 행복하다. 그는 이제 다른 행복을 찾을 필요가 없다. 그에게는 주어진 일이 있고 인생의 목적이 있다.

- 칼라일

전쟁의 모든 참화의 가장 큰 악의 하나는 인간의 마음을 비뚤어지게 하는 것이다. 군대가 존재하고 그 군대를 유지하기 위해 군사비가 지출되는 것을 어떻게든 설명해야 하는데, 그 합리적인 설명이 불가능하기 때문에 결국 이성이 비뚤어지게 되는 것이다.

― 톨스토이

⚜

재판관은 사건의 어느 한 면만을 보고 판단을 내린다. 그러나 인생에 있어서는 어떤 면에서 문제를 보느냐에 따라 어느 것이나 옳다고 말할 수 있는 여러 가지 대답이 나올 수 있다.

― 톨스토이

⚜

전쟁과 형벌과 증오의 시대의 반대인 융화와 관용과 사랑의 시대는 반드시 온다. 왜냐하면 사람들은 이미 증오는 영혼에 있어서나 육체에 있어서나, 사회에 있어서나 몹시 해로운 것이며, 사랑은 각 개인과 모든 사람들에게 행복을 가져다준다는 것을 잘 알고 있기 때문이다. 그러한 시대는 우리에게 다가오고 있다. 그것이 오게 하는 데 온 힘을 다하고, 그것을 멀리 밀어내는 일은 애써 삼가는 것이 곧 우리의 의무이다.

― 톨스토이

⚜

자신의 판단과 내면적 동기에 의하지 않고, 외부의 영향에 의해 행동하고 싶어질 때는, 잠시 멈춰 서서 자신을 끌어들이려는 그 영향이 선한 것인지 악한 것인지 잘 판단해야 한다.

― 톨스토이

전 세계의 생명에 대한 진정한 의의를 찾는 것은 불가능하다. 그러나 자기 생명의 의의, 말하자면 자신이 앞으로 무엇을 해야 하는지 탐구하는 것은 참으로 간단하여 지능이 낮은 사람이나 어린아이도 할 수 있다.

― 톨스토이

✤

자신의 이성을 마음껏 활용할 용기를 가져라. 그것이 바로 계몽을 위한 기본원칙이다.

― 칸트

✤

죽은 자들은 지금 어디에 있는가? 아직 태어나지 않은 자들이 있는 곳에 있다.

― 세네카

✤

자신의 일을 사랑하라. 그러나 자신이 이룩한 결과를 사랑하지는 말라.

― 마코프스키

✤

정의는 추구하는 것에 의해서가 아니라 사랑에 의해 실현된다.

― 톨스토이

✤

진실한 친구란 어떤 사람인가? 그것은 당신이 없는 곳에서 당신의 친구라는 사실을 당당하게 말할 수 있는 사람이다.

― 로가우

자기 자신을 희생하는 것처럼 행복한 일은 없다.

— 도스토예프스키

✤

종교 없이 도덕을 세우려고 하는 것은, 마치 어린아이들이 자기가 좋아하는 식물을 옮겨 심으면서, 마음에 들지 않고 쓸모없어 보이는 뿌리를 잘라 버리고 뿌리가 없는 식물을 땅에 꽂아 놓는 것과 같다.

— 톨스토이

✤

지금 곧 간단한 노력으로 할 수 있는 일부터 시작하여 일단 그 일을 성취하면, 뒤에 어떤 어려움이 닥치더라도 그것을 뚫고 나갈 수 있는 용기가 솟는 것이다. 모든 일에 노력을 한다는 것은 그런 것인 것이다.

— 히토시

✤

행운은 결코 눈먼 장님이 아니다. 대부분 부지런한 사람을 찾아간다. 집에 앉아서 행운을 기다리는 사람에게는 영원히 찾아가지 않는다. 오직 걷는 자만이 앞으로 나갈 수 있는 것이다.

— 클레망소

✤

진정한 계몽은 도덕적 삶의 모범적인 사례에 의해 보급된다. 계몽 활동은 실은 계몽과는 아무런 관계가 없을 뿐만 아니라 대부분 정면으로 대립되고 있다.

— 톨스토이

친구를 칭찬하고 격려해 주고, 그의 이야기에 공감하고 싶으면서도 그러지 못하고 친구의 마음을 괴롭게 하는 사람이 있다.
하지만 만일 그가 '인생은 짧다' 라는 사실을 뼈저리게 느낀다면 이러한 어리석음은 모두 해결될지도 모를 것이다.
이제 곧장 나가서 우물쭈물하다가는 평생 동안 놓쳐 버릴지도 모르는 그 일을 시작할 때이다.

— 블룩스

✤

침묵이야말로 속이지 않는 기쁨의 천사이다. 나는 이 만큼이나 행복하다고 말할 수 있다면 그것은 곧 과히 행복하지 않다는 말과 같다.

— 셰익스피어

✤

현인은 자신이 놓여 있는 현재의 처지를 애써 굳이 바꾸려 하지 않는다. 왜냐하면 신의 법칙인 즉 사랑의 법칙의 수행은 어떠한 상태에서도 가능하기 때문이다.

— 톨스토이

✤

큰 일에는 진지하게 대하지만 작은 일에는 손을 대지 않는 것이 당연하다고 생각하는 것. 인간의 몰락은 언제나 여기서부터 시작된다. 인류는 자신의 아랫사람은 언제나 업신여긴다거나, 조국·교회·도시는 신성한 것이라 여기면서도 평범한 일은 소홀히 다루는데 이것에서 언제나 인생의 붕괴가 시작된다.

— 헤세

진정한 행복은 언제나 우리들 안에 있다. 그것은 마치 물체의 그림자처럼 선한 생활에 항상 따르기 마련이다.

— 톨스토이

✤

한 통의 쓰디쓴 쓸개즙보다는 한 방울의 꿀로 더 많은 파리를 잡을 수 있다는 것은 곧 세상의 진리이다. 그러므로 인간관계에 있어서 만일 누군가를 자신의 편으로 만들고 싶다면, 우선 그 사람에게 당신이 그의 진정한 친구임을 인식시켜라. 거기에 바로 그의 가슴을 사로잡는 한 방울의 꿀이 있기 때문이다.
그의 따스한 가슴이야말로 누가 뭐라고 말해도 당신과의 관계를 친밀하게 하는 가장 확실한 지름길이기 때문이다.

— 링컨

✤

현대인들은 거대한 부를 차지하고, 심한 빈곤 상태에 있는 다수자들이 그들에게 선망과 증오를 느끼고 있는 세상에서, 폭력과 전쟁이 난무하는 세상의 무의미함과 잔혹함은 누구의 눈에도 보이지 않으며, 자신들이 그런 생활을 계속하는 것을 방해하는 것은 아무것도 없다고 믿고 싶어한다.

— 톨스토이

✤

인간에게 가해지는 형벌은 항상 몹시 잔혹한 것이다. 잔혹하지 않다면 처음부터 가해지지 않을 것이다. 오늘날의 금고형은 백 년 전의 태형과 마찬가지로 잔혹하다.

— 톨스토이

희망을 가지고 사는 사람에게는 주어진 일들이 덜 어려워진다. 사랑하는 사람에게는 그것들이 훨씬 쉬워진다. 그리고 이 세 가지를 다 가진 사람에게는 그 일들이 간단해진다.

- 로렌스

✣

형제들이여! 우리는 온 힘을 다해 자신의 마음 속에 영혼과 양심을 눈뜨게 하고, 우리의 게으름을 성실로, 생명 없는 심장을 살아 있는 그것으로 대체하지 않으면 안 된다. 그때 비로소 우리는 우리의 앞날에 기다리고 있는 무한한 선善을 조금이나마 확실한 일관성을 가지고 이해하기 시작할 것이다.
무엇보다 먼저 첫걸음을 내디뎌라. 그러면 두 번째 걸음은 한결 쉽고 확실하며 그리고 실행하기 쉬워질 것이다.

- 칼라일

✣

인간의 개개인의 육체 속에는 누구나 똑같은 신적 근본이 깃들어 있다. 그러므로 개인이든 집단이든 그 신적 본원과 육체의 결합체는 즉 사람의 목숨을 파괴할 권리는 없다.

- 톨스토이

✣

"하늘에 계신 아버지가 완전하듯이 너희도 완전히 되라"라고 성서에 씌어 있다. 이 말은 그리스도가 인간에게 하느님과 똑같이 되라고 명령한 것이 아니라 모든 사람들이 하느님의 완전성에 조금이라도 가까이 다가서도록 노력해야 한다는 뜻이다.

- 톨스토이

최상의 법칙 — 황금률
최상의 교육 — 자각
최상의 철학 — 스스로 만족할 줄 아는 마음
최상의 음악 — 어린아이의 해맑은 웃음
최상의 약 — 명랑함과 쾌활
최상의 전쟁 — 자신의 약점과의 진지한 싸움
최상의 과학 — 구름이 낀 날 간간이 내리쬐는 햇살
최상의 전기 — 사랑하는 사람에게 보내는 긴 편지

— 코베

✤

교육의 기초는 세상 만물의 근본에 대한 관계를 수립하고, 그 관계에서 생기는 행동의 규범을 수립하는 일이다.

— 톨스토이

✤

가장 뛰어난 재능도 무위도식하면 마침내 사장된다.

— 몽테뉴

✤

개인의 생활이든, 사회 모든 것의 생활이든, 오직 법칙은 하나, 그 생활을 고치고 싶으면 그것을 버릴 각오를 하지 않으면 안 된다.

— 톨스토이

✤

남에 대한 경솔한 칭찬이나 경솔한 비난은 많은 해악을 가져오지만, 그 무엇보다 경솔한 비난이 가장 큰 해악을 낳는다.

— 러스킨

계속해서 증오심을 품고 있는 사람, 마치 덩굴나무처럼 그 증오심에 감겨 버린 사람은 이윽고 가장 흉악한 적이 그를 밀어뜨리는 곳으로 스스로 걸어 들어가게 될 것이다.

- 석가

✤

공상가는 종종 정확하게 미래사회를 예측하지만, 결코 그것을 기다리지 않는다. 그는 자신의 힘으로 그것을 앞당기려고 한다. 자연에 있어서도 천 년이 필요한 것을 자신이 살아 있는 동안 성취되는 것을 보고 싶어한다.

- 레싱

✤

네 원수는 악으로써 너에게 복수할 것이고, 너를 미워하는 자는 너에게 끔찍한 보복을 할 것이다. 그러나 네 마음 속의 분노는, 그것과 비교할 수 없을 만큼 큰 악을 너에게 가져다준다. 그러나 너의 부모와 친척과 이웃도 남의 죄를 용서하고 잊어버리는 네 마음보다 더 큰 선을 가져다주지는 못할 것이다.

- 석가

✤

겸손함이 없는 자기 완성은 도저히 불가능하다.

- 톨스토이

교육의 진정한 목적은 사람들에게 선한 일을 하게 하는 것뿐만 아니라 그 속에서 기쁨을 찾아내게 하는 것이다.
그리하여 결백하고 정직하고, 결백과 정직을 사랑하게 하는 것이다. 정의에 어긋남이 없을 뿐만 아니라, 정의를 갈망하게 하는 것이다.

— 러스킨

✤

그 무엇을 생각하지 않아도 되는지를 아는 것은 그 무엇을 생각하지 않으면 안 되는지를 아는 일보다 더 중요하다.

— 톨스토이

✤

그리스도의 가르침을 있는 그대로 받아들인다면, 우리 모두가 빠져 있는 무서운 기만이 마침내 밝혀질 것이다.

— 톨스토이

✤

높아질수록 더욱 겸손하라. 많은 사람들이 높은 지위와 명예 속에 살고 있지만 인생의 수수께끼는 낮은 곳에 있는 사람들에게만 계시된다. 너무 어려운 것, 자신의 역량 이상의 것을 구하지 말라. 그리고 자기에게 주어진 사명을 진지하게 생각하고 살펴라. 자기에게 필요하지 않은 것에 호기심을 가지지 말라. 지금 그대 앞에는 그대가 이해할 수 있는 이상의 것이 펼쳐져 있다.
많은 사람들이 남에게 보여주기 위해 스스로를 속이고 있다. 그리고 있지도 않은 지식을 자랑하지 마라.

— 전도서

그것이 진실이라는 것을 확인하고 싶다면, 그러한 헛된 욕망을 만족시키기 위해 네가 오늘까지 쏟아온 노력의 반이라도 그러한 욕망으로부터 자기 자신을 해방시키는 데 힘써 보라. 그러면 너는 훨씬 더 많은 평화와 행복을 얻을 수 있다.

― 에픽테토스

✤

나는 몹시 괴롭다. 이때 나는 신에게 도움을 청한다. 그러나 내가 신을 섬겨야 하는 것이지 신이 나를 섬겨야 하는 것이 아니지 않는가. 그것을 깨닫는다면 괴로움은 절로 가벼워질 것이다.

― 톨스토이

✤

나에게 주여! 주여! 하는 자마다 천국에 다 들어갈 것이 아니요, 다만 하늘에 계신 내 아버지의 뜻대로 행하는 자라야 들어가리라.

― 마태복음

✤

오늘 할 수 있는 일을 내일로 미루지 말라.
내가 할 수 있는 일을 남에게 시키지 말라.
오만은 의·식·주에 필요한 경비보다 더 비싼 값을 치르게 한다.
우리는 일어날지도 모른다는 것만으로 실제로 일어나지도 않은 일을 가지고 얼마나 괴로워하는가.
만약 화가 나거든 무엇인가를 하거나 말을 하기 전에 열을 세도록 하라. 그래도 여전히 마음이 가라앉지 않거든 백까지, 그래도 안 된다면 천까지 세도록 하라.

― 제퍼슨

남몰래 선행을 베풀고 사람들에게 알려지지 않도록 조심하라. 그 때 비로소 너는 선행을 베푸는 진정한 기쁨을 알게 될 것이다. 사람들의 칭찬이 아니라 선한 생활을 하고 있다는 의식 자체가 선한 생활에 대한 최고의 보상이다.

― 톨스토이

❖

세상 사람들은 남에 대한 험담은 모두가 즐겨 듣는데, 그래서 상대방에게 그런 즐거움을 주고 싶은 유혹에 맞서 싸우는 것, 즉 남의 험담을 하지 않는 것은 대단히 어려운 일이다.

― 톨스토이

❖

남을 비난하는 것을 그만두어라. 그러면 자신의 마음이 한층 더 가벼워질 것이다.

― 톨스토이

❖

너를 비난하는 사람들을 가까이 하고 너를 칭찬하는 사람들을 멀리하라.

― 탈무드

❖

내가 두려워해야 할 것은 오직, 그렇지도 않은데 깨달은 척하는 것이다. 세상의 최고의 지혜는 몹시 단순하다. 그러나 사람들이 그것을 이해하지 못하는 것은 그들이 자신들이 알지도 못하는 것을 알고 있다고 생각하기 때문이다.

― 노자

될 수 있는 한 더 적게 읽고 더 적게 배우고, 더 많이 생각하라. 정말로 필요하고 진심으로 알고 싶은 것만을 스승이나 책에서 배워라.

— 톨스토이

❖

너희 중에 으뜸가는 사람은 너희를 섬기는 사람이 되어야 한다. 누구든지 자기를 높이는 사람은 반드시 낮아지고 자기를 낮추는 사람은 더욱 높아진다.

— 마태복음

❖

노동자와 자본가가 자신들의 관계를 개선하고 싶다면, '눈에는 눈, 이에는 이'라는 모세의 옛 율법을 버리고 사랑의 율법을 실천하지 않으면 안 된다. 바꾸어 말하면 남에게 대접 받고 싶은 만큼 남을 대접하지 않으면 안 된다.

— 말로리

❖

누가 나에게 목숨을 빼앗아 가는 것이 아니라 내가 스스로 바치는 것이다. 나에게는 목숨을 바칠 권리도 있고 다시 얻을 권리도 있다. 이것이 바로 내 아버지에게서 내가 받은 명령이다.

— 요한복음

❖

대체로 재앙은 간첩과 같이 혼자서 오는 법이 없고 항상 떼를 지어서 온다.

— 셰익스피어

두 사람이 싸울 때에는 두 사람 모두에게 잘못이 있다. 그러므로 두 사람 중 어느 한 사람이 자기 잘못을 인정할 때 비로소 싸움을 그칠 수 있다.

— 톨스토이

✤

다른 사람들에 대한 진실한 사랑이야말로 우리를 이웃과 또 하느님과 하나가 될 수 있게 함으로써 세상의 그 무엇으로도 빼앗을 수 없는 진정한 마음 속의 행복을 가져다준다.

— 톨스토이

✤

일하지 않는 자는 모두 쓸모 없는 사람이다. 사람은 누구나 기술을 배우거나 육체노동에 종사하지 않으면 안 된다. 일함으로써 비로소 우리는 최상의 순수한 기쁨을 맛볼 수 있다. 그것은 일한 뒤의 휴식이며, 일이 고되면 고될수록 휴식의 기쁨은 더욱 커진다.

— 루소

✤

더러운 육체적 욕망, 독으로 가득 찬 그 욕망에 사로잡힌 사람에게는 인간 세상의 온갖 고뇌가 뿌리 없는 덩굴처럼 달라붙는다. 그 나쁜 욕망을 이겨낸 사람은 마치 연꽃잎에서 빗방울이 굴러 떨어지듯이 모든 고뇌가 사라진다.

— 석가

✤

내 앞에 있을 때에 내가 내 입에 자갈을 물리리라 하였도다.

— 시편

만일 불쾌한 일이 자꾸 겹쳐서 분노를 느끼거든 얼른 자기 자신 속에 들어가서 자제심을 잃지 않도록 하라. 우리가 굳센 의지로 평화로운 정신상태로 돌아가는 법을 배우면 배울수록 우리 마음 속의 정신을 평화롭게 유지하는 능력은 커진다.

― 아우렐리우스

✤

세네카는 분노를 억제하는 가장 좋은 방법은, 분노가 치밀어 오를 때면 아무것도 하지 말고 가만히 있는 것, 걷지도 말고 움직이지도 말고 말도 하지 않는 것이라고 말했다. 또한 몸과 혀를 다스리지 못하면 분노는 점점 더 커질 것이라 했다.

세네카는 또 화내는 버릇을 없애려면 다른 사람들이 화를 낼 때의 모습을 잘 살펴보는 것도 좋다고 말했다. 그 사람이 화를 내고 있을 때의 모습, 즉 마치 술에 취한 사람이나 짐승처럼 붉어진 얼굴, 증오에 찬 추악한 표정으로 불쾌한 목소리를 꽥꽥 지르며 더러운 말을 뱉어 내는 모습을 지켜보고, 나는 저런 추태를 부리지 않아야겠다고 생각하라고 했다.

― 톨스토이

✤

왜 우리는 그처럼 남을 비난하기를 좋아하고, 이렇게 심술궂고, 이렇게 함부로 비난하고 있는 것일까. 그것은 남을 비난함으로써 자신의 책임을 피하고 싶어서다. 우리는 자신에게 곤란한 일이 생기면, 그때마다 이것은 자신이 잘못한 것이 아니라 남이 잘못했기 때문이라 믿고 싶어한다.

― 톨스토이

청춘은 모두 실험이다.

− 스티븐슨

❋

만약에 자신의 욕심과 집착을 버리고 어떤 일을 도모한다면, 모든 일이 쉽게 풀릴 것이다.

− 톨스토이

❋

쓸데없는 말로써 사람들 마음에 서로의 반감을 부채질하여 그들의 합일을 방해하는 사람이 되어서는 결코 안 된다.

− 톨스토이

❋

모든 종교의 근본은 나는 무엇을 위해 이 세상을 사는가, 그리고 나를 둘러싼 무한한 세계와 나는 어떤 관계에 놓여 있는가 하는 물음에 대한 해답에 있다. 가장 수준이 높은 종교에서 가장 야만적인 종교에 이르기까지 대부분의 종교가 그 밑바탕에, 이러한 인간을 둘러싸고 있는 세계와 '나'의 관계의 수립이라는 어려운 문제를 가지고 있다.

− 톨스토이

❋

세상의 모든 사람은 저마다 무거운 짐을 지고 있고, 저마다 결점을 가지고 있다. 세상에는 남의 도움 없이 살아갈 수 있는 사람은 아무도 없다. 그러므로 우리는 서로를 위로하고, 대화하고 충고하면서 서로 돕지 않으면 안 된다.

− 성현의 사상

남을 비난하기 전에 자기 자신부터 바로잡을 것을 생각하라.

― 성현의 사상

✤

모든 인간의 생활에서 중요한 일은 보다 선량하고 보다 훌륭한 인간이 되고자 하는 노력이다. 하지만 이미 자신을 훌륭한 인간이라고 생각하면 어제보다 훌륭한 인간이 될 수 있을까.

― 톨스토이

✤

이 세상의 모든 죄 가운데 이웃에게 분노하는 죄는, 인간 최대의 행복인 사랑과 행복을 정면으로 배반한다. 그러므로 인간에게서 인생 최대의 행복을 이보다 더 확실하게 빼앗는 것은 없다.

― 톨스토이

✤

미래에 이바지할 인간을 교육하려면, 완전무결한 인간을 목표로 하여 교육하지 않으면 안 된다. 그래야만 비로소 그 교육을 받은 사람은 장차 그가 함께 살게 될 새로운 시대의 훌륭한 사람이 될 수 있다.

― 톨스토이

미래의 일은 하느님이 모두 주관하신다. 진실한 생활만이 하느님과 하느님의 법칙에 대한 신앙의 증거이다. 거기에 비로소 자유가 있고 생명이 있다고 해야 할 것이다.

— 톨스토이

⚜

분노가 다른 사람에게 아무리 해를 끼친다 해도, 분노는 누구보다 분노하고 있는 자신에게 더 해롭다. 분노는 반드시 그것을 불러일으킨 상대의 행위 이상으로 해롭다.

— 톨스토이

⚜

사람들은 자신의 욕망을 다스리는 힘보다 자신의 욕망의 힘 자체를 더 남에게 자랑한다. 이 얼마나 해괴망측한 미망인가.

— 톨스토이

⚜

세상의 사람들이 종종 분노에 사로잡혀 그것을 억제하지 못하는 것은, 분노 속에 일종의 남자다움이 있다고 착각하기 때문이다. 나는 너를 결코 용서하지 않겠다. 단단히 혼내 주겠다, 등등. 그러나 그러한 행동은 착각이다. 분노에 지지 않기 위해서는 분노 속에는 좋은 것이란 아무것도 없고 또 있을 수도 없다는 것, 분노는 나약함의 증거이지 힘의 증거가 아니라는 것을 인식하지 않으면 안 된다. 화를 내면서 싸우거나 어린아이나 여자 같은 약자를 때리는 사람은 강한 것이 아니라 스스로 자신의 나약함을 폭로하고 있는 것이다.

— 톨스토이

비난은 부당한 비난뿐만 아니라 정당한 비난까지, 한꺼번에 세 사람을 모두 해친다. 첫째로 비난을 받는 당사자에게, 그리고 비난의 말을 듣는 제삼자에게, 그리고 무엇보다도 비난의 말을 하는 그 자신에게.

― 톨스토이

❖

사람들에 대한 선의는 인간에게 주어진 가장 큰 의무이다. 만일 우리가 선으로써 사람을 대하지 않는다면 우리는 인간의 가장 중요한 의무를 이행하지 않는 것이 된다.

― 톨스토이

❖

사람들이 서로 증오하면서 말다툼을 벌이고 있으면, 아이는 누가 옳고 누가 그른지도 모른 채, 진심으로 양쪽을 비난하면서 슬픈 듯이 두 사람에게서 돌아서 버린다. 그 두 사람 중 어느 누구보다 그 아이가 언제나 옳다.

― 톨스토이

❖

사람의 두뇌를 위해서는 너무 일찍 너무 많이 배우는 것보다는 전혀 배우지 않은 것이 오히려 폐해가 적다.

― 톨스토이

❖

사랑하는 자녀들이여, 우리는 말로나 혀로 사랑하지 말고 행동으로 진실하게 사랑합시다.

― 요한복음

사람은 노동하지 않고는 인간적 존엄성을 유지할 수 없다. 하는 일 없이 사람들이 겉치레에 그토록 애쓰는 것도 그것 때문이다. 그들은 그렇게 꾸미지 않으면 사람들로부터 경멸당한다는 것을 잘 알고 있다.

― 톨스토이

✣

사랑은 자신의 희생을 동반해야 비로소 진실한 사랑이다. 사람이 자기 자신을 잊고, 자신이 사랑하는 사람의 생명 속에 살 때 비로소 그 사랑은 진실한 사랑이며, 그러한 사랑 가운데서만 우리는 행복하고, 또한 진정한 사랑의 대가를 얻는다.

― 톨스토이

✣

사람은 다음과 같은 세 종류로 나눠진다. 하나는 하느님을 섬기는 사람들이며, 그들은 지혜롭고 행복하다. 또 하나는 하느님을 찾지도 않고 찾을 생각도 없는 사람들인데, 그들은 어리석고 불행하다. 나머지는 아직 하느님을 찾아내지는 못했지만 찾으려고 노력하는 사람들로, 이들은 지혜롭지만 아직 불행하다.

― 파스칼

✣

사람은 선한 생활에 의해서만 하느님을 기쁘게 해드릴 수 있다. 그러므로 언제나 바르고 깨끗하고 선량하고 겸손한 생활 이외의 그 무엇으로 하느님을 기쁘게 하려고 생각하는 것은 모두 기만이요, 하느님에 대한 거짓 봉사다.

― 칸트

사랑은 우리 생활의 본질이 아니다. 사랑은 결과이지 결코 원인이 아니다. 사랑의 원인은 자신의 내부에 있는 신적 또는 영적인 본질에 대한 스스로의 깨달음이다. 그 스스로의 깨달음이 사랑을 요구하고 마침내 사랑을 낳는다.

- 톨스토이

✤

상대에게 비판을 받지 아니하려거든 비판하지 말라. 너희의 비판하는 그 비판으로 너희가 비판을 받을 것이요, 너희의 헤아리는 그 헤아림으로 마침내 너희가 헤아림을 받을 것이다. 어찌하여 형제의 눈 속에 있는 티는 보고 네 눈 속에 있는 들보는 깨닫지 못하느냐?

- 마태복음

✤

사상은 자신의 지능에 의해 얻어졌거나 조금이라도 이미 마음 속에 일어난 의문에 대해 답하는 경우에 비로소 사람을 움직인다. 그러나 이와 반대로 사람은 아무런 영향도 주지 않고 거기에 반하는 행위와 공존한다.

- 톨스토이

✤

선한 생활의 법칙은 그것이 하느님의 계율이기 때문에 진리이며, 그래서 우리도 그것을 지켜야 한다고 생각해서는 안 된다. 우리가 그 법칙들을 자신의 내면적인 의무로 느끼기 때문에 그것을 하느님의 계율이라 생각해야 하는 것이다.

- 칸트

사이비 신앙에 복종하는 것은 거기에 인간을 불행하게 하는 가장 큰 원인이 있다.

- 톨스토이

✣

상대에게 모욕을 당하고도 결코 보복하지 않고 평범하게 그것을 참아 넘길 수 있는 사람은 인생의 위대한 승리자이다.

- 제네비오 란

✣

생각은 자유로운 것처럼 보이지만 인간의 마음 속에는 생각을 지배하는, 생각보다 강한 그 무언가가 들어 있다.

- 톨스토이

✣

선량하며 총명한 인간은 자기보다 남이 더 훌륭하고 똑똑하다고 생각하고 있기 때문에 다른 인간과 구별하기가 쉬운 것이다.

- 톨스토이

✣

선량함이 습관이 되어 버린 상태보다 자기 생활과 다른 사람들의 생활을 아름답게 꾸며 주는 것은 없다.

- 톨스토이

✣

선입견을 버리고 완전히 백지 상태에서 사물을 올바르게 판단해야 한다. 바람의 방향도 살피지 않고 언제나 똑같이 돛을 올리는 사공은 절대로 목적한 항구에 다다르지 못할 것이다.

- 조지

선한 사람들은 서로 돕고 산다. 그러나 악한 사람들은 의식적으로 서로에게 적대행위를 하기 마련이다.

― 중국 속담

✤

사회의 생활은 개개인의 자기희생에 의해서만 개선될 수 있다.

― 톨스토이

✤

선한 사람은 악한 사람의 스승이다. 악인은 선인이 마땅히 교육해야 할 학생에 지나지 않는다. 자신의 스승을 존경하지 않는 사람도, 자신의 제자를 사랑하지 않는 사람도, 그들은 똑같은 잘못을 저지르는 것이다.

― 노자

✤

성인은 결코 강직한 마음을 가지지 않는다. 성인은 자신의 열린 마음을 만인의 마음에 적응시킨다. 그래서 선함이 있는 사람은 선함이 있는 사람으로 대하고, 죄가 많은 사람은 선함의 가능성을 지닌 사람으로 대한다.

― 잠언

세 가지 유혹이 사람들을 괴롭힌다. 육체적인 욕심과 교만과 물욕이다. 그것에서 사람들의 모든 고통이 비롯된다. 육체적인 욕심과 교만과 물욕이 없다면 사람들은 모두 행복해질 것이다. 어떻게 해야 이 같은 무서운 질병에서 벗어날 수 있을까? 단, 한 가지 이러한 것들에서 벗어날 수 있는 방법이 있다. 그것은 바로 각자가 자기 자신에게 영향을 주는 것이다. 사람들은 흔히 법이니 정부니 하는 것이 도와줄 거라고 생각하기 쉽지만 그런 일은 결코 없다. 왜냐하면 법률을 기초하고 민중을 지배하는 사람들도 우리와 마찬가지로 육체적인 욕망과 교만과 물욕의 유혹에 몹시 괴로워하고 있는 사람들이기 때문이다.

― 라므네

✤

세상과는 아무런 관계도 가지지 않은 사람은 마치, 심장이 없는 사람과 마찬가지로 세상에 존재할 수 없다. 자신에게 심장이 있다는 것을 모르는 사람은 없다. 그러나 심장이 없이는 어떤 사람도 살 수 없듯 종교가 없이도 살 수 없다.

― 톨스토이

✤

쉬지 말고 열심히 일하라. 노동을 불행으로 생각하지 말고, 또 그러한 일로 사람들의 칭찬을 바라지 말라.

― 아우렐리우스

✤

신앙이 없는 사람의 생활은 마치 금수의 생활과 다를 바가 없다.

― 톨스토이

세상에는 남을 대신하여, 그들의 신과 우주에 대한 관계를 결정할 권리를 가지고 있다. 그리고 그러한 권리를 남에게 양보하고 그들이 말하는 것을 그대로 맹신하는 수많은 사람들이 있다. 그 양쪽 모두 잘못된 것이다.

― 톨스토이

✣

세상의 어느 누구도 얕보지 마라. 이웃에 대한 악의와 시기심을 모두 버려라. 남의 행동과 말은 언제나 선의로 해석하라.

― 성현의 사상

✣

일상의 습관적인 사상에 의해 형성된 분위기는 우리가 살고 있는 집보다 뿌리가 깊다. 그것은 바로, 달팽이가 어디에 가든 지고 다니는 껍데기와 같은 것이다.

― 말로리

✣

어떤 우스꽝스러운 사람일지라도 우리는 그를 존중하지 않으면 안 된다. 또한 어떤 사람의 내부에도, 우리들 속에 살고 있는 것과 똑같은 영혼이 살고 있다는 사실을 잊어서는 안 된다.

― 쇼펜하우어

✣

악의 유혹에 빠진 사람을 결코 잔인하게 대해서는 안 된다. 언젠가 자신도 남에게 위로받은 적이 있는 것처럼, 그 사람을 위로하기에 적극 힘써라.

― 성현의 사상

아이들에게 자신 내부의 신성神性을 스스로 깨닫게 하는 일이야
말로 나는 그 부모와 교육자들의 가장 큰 의무라 생각한다.

― 채닝

✣

악을 바로잡는 것은, 우리의 생활형태의 변화가 아니라 오로지 선
과 도덕의 보급을 늘리는 것에 기대할 수 있다.

― 톨스토이

✣

어디 출신이냐는 질문을 받았을 때, 소크라테스는 "나는 세계 시
민"이라 대답했다. 그는 자신을 곧 세계의 주민이며 세계의 시민
이라 생각한 것이다.

― 키케로

✣

어떤 경우에도, 사람들에 대한 자신의 분노를 정당하다고 생각해
서는 안 된다. 그리고 결코 그가 인간이 아니라거나 쓸모없는 사
람이라 생각하거나 말해서는 안 된다.

― 톨스토이

✣

우리는 자신에 대해 고민하고 자신에게 얽매이는 일이 많을수록
그리고 자신의 생명을 지키려고 몸부림칠수록 더욱더 나약해지
고 자유로부터 멀어지게 된다. 그런데 이와 반대로 자신에 대해
고민하고 집착하거나 자신의 생명에 대한 애착이 적을수록 더욱
더 강해지고 자유로워진다.

― 톨스토이

어느 시대를 불문하고 사람들은 자신을 이 세상에 태어나게 한 이가 누구이고, 또 그 궁극의 목적이 무엇인지 알고 싶어하며, 그리고 그것에 대해 자기 나름대로 이해하기를 간절히 열망해왔다. 사람들은 이 같은 요구를 만족시키기 위해, 세상의 모든 사람을 하나의 기원을 가진 형제로 결합시키고, 그들의 삶에 공통된 과제와 공통된 궁극의 목적을 천명하기 위해 마침내 종교가 등장한 것이다.

— 마치니

❦

어린이가 서로 만날 때, 그들은 기쁨에 찬 얼굴로 서로 웃으며 친절을 나타내는데, 아직 변질되거나 타락하지 않은 어른의 경우도 그와 마찬가지며 세상에는 자신보다 훨씬 지혜로운 사람들이 많다고 생각하고, 언제나 남을 가르치기보다 남에게서 듣고 배우기를 원한다. 남을 가르치려 하거나 남을 지배하려 하는 사람은 결코 잘 가르칠 수도 그리고 잘 지배할 수도 없다.

— 러스킨

❦

영혼은 그 자체가 자신의 재판관이며 또 도피처이기도 하다. 너의 내부에 눈뜬 영혼을, 최고의 내적 재판관을 모욕하지 말라.

— 마누

❦

예지가 밖으로 드러날 수 없는 상황이란 이 세상에는 없으며 그런 무의미한 일은 결코 있을 수 없다.

— 톨스토이

예수께서는 그들을 가까이 불러 놓고 "너희도 알다시피 세상에서는 통치자들이 백성을 강제로 지배하고 높은 사람들이 백성을 권력으로 억누른다. 그러나 너희는 그래서는 안 된다. 너희들 사이에서 높은 사람이 되고자 하는 사람은 남을 섬기는 사람이 되어야 하고 으뜸이 되고자 하는 사람은 종이 되어야 한다. 사실은 사람의 아들도 섬김을 받으러 온 것이 아니라 섬기러 왔고 많은 사람을 위하여 목숨을 바쳐 몸값을 치르러 온 것이다." 하셨다.

— 마태복음

⚜

예지는 모든 사람에게 없어서는 안 되는 것이며, 그렇기 때문에 모든 사람의 특징이기도 하다. 예지는 자신의 사명과 그 사명을 수행하는 방법을 잘 알고 있다.

— 톨스토이

⚜

오늘날 우리에게 진정으로 필요한 하나뿐인 학문은 '인간은 어떻게 살아야 하는가'에 대한 것이다. 그리고 그것은 모든 사람의 손에 가까이 있는 학문이다.

— 톨스토이

⚜

예지의 첫번째 원칙이 자기 자신을 아는 것에 있는 것처럼 자선의 첫번째 원칙은 적은 것으로 만족하는 데 있다. 적은 것에 만족할 줄 알고 평화를 사랑하는 사람만이, 남에 대한 자선에서도 큰 힘을 발휘한다.

— 존 러스킨

상대에게 모함을 받으면 기뻐하라. 칭찬받으면 조심하여라.

— 톨스토이

✤

우리 생애에서 가장 중요한 문제는 우리에게 주어진 이 짧은 생애에서 우리를 이 세상에 태어나게 한 이가 우리에게 바라는 것을 우리가 얼마나 실천하며 살아가고 있는가 하는 점이다. 우리는 과연 지금 그렇게 살고 있는가?

— 탈무드

✤

우리 모두의 자아는 그 내부에 깃들어 있는 신성을 가리는 덮개이다. 우리가 인식에서 벗어날수록 우리 안에 있는 신성은 더욱더 뚜렷이 나타난다.

— 톨스토이

✤

우리는 신이 우리를 통해서 이룩할 사업의 모든 것을 알 수는 없다. 그러나 그 사업에 동참하기 위해 우리가 무엇을 해야 하는지는 알 수 있다.

— 톨스토이

✤

오직 신성한 사랑과 하느님과의 합일만이 우리에게 진정한 행복을 가져다준다. 왜냐하면 만약 자기 희생의 기쁨으로 바뀌면 즉 끊임없이 솟아나는 불멸의 기쁨으로 바뀌면 우리의 영혼에는 영원한 행복이 보장될 것이기 때문이다.

— 아미엘

우리가 서로 서로의 생명 속에 살면서 행복하게 지내는 것, 그것이 곧 하느님의 뜻이다.

— 러스킨

✠

우리는 욕심 많고 인색한 사람이 왜 사람들에게 미움을 받는지 잘 알고 있다. 그는 부자가 되기 위해 수단과 방법을 가리지 않고 남의 재산을 탐을 낸다. 따라서 그 사람은 자신의 이익을 위해 남을 해치고 있는 것이다. 그리고 사악한 인간은 자기에게 아무런 이익이 없는데도 남을 해친다. 게다가 남에게 해를 줄 뿐만 아니라 마침내 자기 자신까지 해친다.

— 소크라테스

✠

우리가 자신의 욕망을 억제하지 못하고 여러 번 죄악에 빠지더라도 결코 절망해서는 안 된다. 자신의 욕망과의 싸움을 계속할수록 그 힘이 점점 약해져서 쉽게 그것을 이겨낼 수 있다.

— 톨스토이

✠

오직 하느님만을 사랑하고 오로지 자신의 자아를 미워해야 한다.

— 파스칼

✠

우리는 먼저 믿은 뒤에 비판의 메스를 가한 사람만이 그것을 충분히 이해할 수 있다. 사물을 이해하려면 반드시 자유로워야 하지만, 그 전에 먼저 그의 포로가 되지 않으면 안 된다.

— 아미엘

우리는 살아가면서 좋지 않은 일 때문에 욕심을 내고 동요하고 고민한다. 진실로 선한 것은 그러한 우리의 욕망과는 관계가 없을 뿐 아니라 그 반대편에 있다. 그리고 그것은 종종 좋지 않은 일들로 인한 고뇌를 맛본 뒤 비로소 얻을 수 있다.

– 톨스토이

⚜

우리는 싫든 좋든 이 세상과 관계가 있음을 느끼지 않을 수 없다. 산업·교역·예술·지식 등 특히 우리 처지의 동일성, 세계에 대한 관계의 동일성이 우리를 결합시키고 있다.

– 톨스토이

⚜

우리는 언제 어느 때 스스로 일할 능력을 잃어 남의 노동력을 가로채야 하게 될지 모른다. 그러므로 되도록 매사에 공정함을 잃지 않기 위해, 자기가 얻는 것보다 많은 것을 남에게 주도록 끊임없이 노력해야 한다.

– 톨스토이

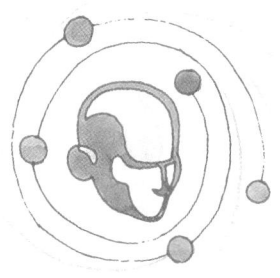

우리는 외부로부터의 악에는, 즉 남이 나에게 가하는 악, 도저히 없앨 수 없는 악에는 분노하면서도, 언제나 자신의 지배 하에 있는 자기 자신의 악과는 전혀 싸우려 들지 않는다.

— 아우렐리우스

⚜

우리는 처음에는 할머니로부터, 그 다음에는 선생님들로부터, 그리고 성장한 다음에는 길에서 만나는 여러 훌륭한 사람들로부터 배우는 진리를 앵무새처럼 되풀이하는 어린애와 같다. 우리는 그들로부터 들은 말을 외우려고 노력한다. 그러나 우리가 일단 그 스승들이 서 있던 단계에 이르러, 그들이 한 말들의 의미를 이해하게 되는 순간, 그때 느끼는 환멸이 너무 강렬하여 그들에게서 들은 말들을 모두 잊어버리고 싶어지는 것이다.

— 에머슨

⚜

우리는 이따금 마치 불꽃처럼 마음 속에 밝게 피어오르는 사상을 늘 예의 주시하며, 하나도 놓치지 않도록 해야 한다. 우리 각자에게 있어서 그 같은 내면적인 빛이, 반짝이는 별 같은 시인과 철학자들의 관찰과 연구보다 훨씬 더 많은 의미를 지니고 있다.

— 에머슨

⚜

우리를 가장 강하게 붙들고 놓지 않는 욕망, 그것은 곧 육체적 욕망이다. 그 욕망은 결코 완전한 만족을 주지 않으며, 만족을 주면 줄수록 더욱더 커진다.

— 톨스토이

우리에게 가장 흔들림이 없는 행복을 주는 법칙의 요구는 진실의 요구이다.

― 톨스토이

✤

이 세상은 천 사람이 함께 일하면 같은 천 사람이 각자 일할 때보다 훨씬 많은 것을 생산할 수 있다. 그렇다고 여기서 990명의 사람이 한 사람의 노예가 되어야 한다는 결론을 내려서는 안 된다.

― 조지

✤

인내를 배우는 데는 연습이 필요하다. 그런데 우리는 선생이 오자마자, 바꿔 말하면 인내를 배울 기회가 찾아오자마자 그 수업에서 달아날 생각부터 먼저 한다.

― 러스킨

✤

우리의 생활은 우리 사상의 결과이다. 그것은 우리의 마음 속에서 태어나고 우리의 사상에 의하여 키워진다. 만일 사람이 선량한 사상에 의하여 말하거나 행동한다면 마치 그림자가 따라다니듯 기쁨이 그를 따라다닐 것이다.

― 석가

✤

우리의 좋은 생각은 우리를 천국으로 인도하고 나쁜 생각은 지옥으로 인도한다. 그러나 그것은 하늘이나 땅 속에서가 아니라 이 세상에서 사는 동안 이루어진다.

― 말로리

인간은 자신의 집이 아름다워졌다고 해서 달라지는 것이 아니다. 사람의 행복은 더 많은 만족과 더 많은 물질적인 풍요가 주어진다고 해서 커지는 것이 아니다. 마침내 영혼이 자신이 사는 육체를 창조한다. 사상만이 자신에게 딱 맞는 집을 지을 수 있다.

― 마치니

✤

인간은 진리 속에 있을 때에만 비로소 자유롭다. 그리고 진리는 이성에 의해서만 드러난다.

― 톨스토이

✤

의무의 수행과 개인적 향락 사이에는 그 어떤 공통점도 없다. 의무에는 그 자신의 독특한 법칙과 심판이 있으며, 만약 우리가 의무와 개인적 향락을 섞어 그 속에서 살려고 한다면 의무와 향락은 저절로 분리되어 버릴 것이다.

인간의 생활 속에서 일어나는 일은 모두 사상 속에 그 단서를 찾을 수 있다. 따라서 사람들에게 일어나는 모든 일들에 대한 설명은 그 이전에 일어난 일 속에서 찾을 것이 아니라, 그 이전에 가졌던 사상 속에서 찾아야 한다.

― 톨스토이

✤

우정의 대부분은 겉치레이며 사랑은 대부분이 어리석음에 지나지 않는다.

― 셰익스피어

우리는 세상의 어떤 사람이라도 선의로 대하며, 그에게 다른 사람이 될 것을 요구하지 않도록 해야 한다.

― 쇼펜하우어

✤

우리에게 중요한 것은 우리에게 주어진 일을 성실히, 그리고 실수 없이 완수해야 한다는 사실이다.

― 러스킨

✤

인간의 마음 속에는 항상 하느님의 영혼이 살고 있다.

― 톨스토이

✤

인간의 모든 의무를 신의 계율로 정하는 것 속에 모든 종교의 근본이 존재한다.

― 칸트

✤

인간이 성인의 경지에 도달하는 데는 무엇보다도 자제심이 가장 중요하다. 그 자제심은 되도록 일찍부터 습관을 들이지 않으면 안 된다. 어릴 때부터 그것이 몸에 배어 있으면 우리의 덕행은 단단한 것이 될 것이다. 덕행이 단단한 사람에게는 극복할 수 없는 일은 이 세상에 아무것도 없다.

― 노자

✤

인간은 자기가 남에게 행복을 준 만큼 자신의 행복을 증대시킨다.

― 벤담

자신이 마음에 드는 사람만 사랑하는 것은 진정한 사랑이라 할 수 없다. 진정한 사랑이란, 상대의 마음 속에 있는, 자기 속에 있는 것과 동일한 신을 사랑하는 경우에만 말할 수 있다. 그러한 진정한 사랑을 통해 우리는 그저 제 형제뿐만 아니라, 또 우리를 사랑하는 사람, 악한 사람들, 또 우리를 미워하는 사람들까지 모두 사랑할 수 있다. 그러한 사람들을 모두 사랑하려면, 그 상대방 역시 우리가 우리 자신을 사랑하고 있는 것처럼 자기 자신을 사랑하는 것, 우리 안에 신이 있듯이 그들 안에도 신이 있다는 것을 항상 잊지 말아야 한다.

─ 톨스토이

⚜

"나를 믿는 이 사람 보잘것없는 사람들 가운데 누구 하나라도 죄를 짓게 하는 사람은 그 목에 맷돌을 달고 깊은 바다에 던져져 죽는 편이 오히려 나을 것이다. 사람을 죄 짓게 하는 이 세상은 참으로 불행하다. 이 세상에 죄악의 유혹은 있게 마련이지만 남을 죄 짓게 하는 사람은 참으로 불쌍하다."

─ 마태복음

⚜

인류가 올바르게 사고思考하는 것을 배우면 우리의 세상은 지금의 불행한 상태와는 완전히 반대로 행복한 것이 되리라. 그러나 보통사람들은 그들에게 자유를 주는 진리를 깨달으려 하지 않는다. 왜냐하면 그것이 그들에게 익숙한 국가적, 종교적 미망에 어긋나기 때문이다.

─ 말로리

인생은 곧 학교이며, 거기에서 배우는 실패는 성공보도 훌륭한 스승이다.

- 그라나드스키

⚜

인류가 어디로 갈 것인지 아는 사람은 아무도 없다. 최고의 예지는 네가 어디로 가야 하는지를 아는 것이다. 그것은 네가 알고 있으니, 곧 최고의 자기완성을 향해 걸어가야 한다.

- 톨스토이

⚜

자기 완성은 내면적인 일이기도 하고 외면적인 일이기도 하다. 우리는 세상을 살면서 사람들과의 교류가 없이는, 또 그들과 서로 주고받는 영향이 없이는 진정한 자기 완성을 이룰 수 없다.

- 톨스토이

⚜

인간의 진정한 가치는 그가 소유한 진리에 있지 않고, 오직 그 진리를 얻기 위해 그가 기울인 피땀 어린 노력에 있다.

- 레싱

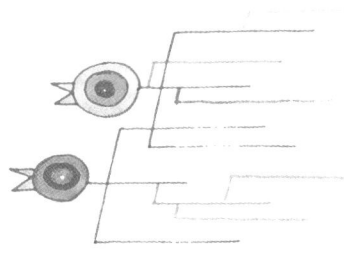

인생의 목적을 자신의 행복이라 생각한다면, 인생은 견디기 어려운 것이 되고 말 것이다. 그러나 옛 성현들이, 그리고 우리의 이성, 우리의 심장이 우리에게 말하듯이 인생이란 우리를 이 세상에 태어나게 하신 분에 대한 봉사라고 생각한다면 그 순간부터 인생은 끊임없는 기쁨이 계속될 것이다.

– 톨스토이

✦

인류는 계속해서 끊임없이 발전한다. 그 발전은 신앙의 영역에서도 반드시 필요한 것이다.

– 톨스토이

✦

일하지 않아도 먹고 살 수 있다고 하여 일하지 않는 것은 곧 죄악이다.

– 톨스토이

✦

자기 속에서 잠시 머무르는 것, 자신의 명성과 육체 속에서 자신의 모습을 보지 않는 자야말로 인생의 진리를 아는 사람이다.

– 석가

✦

자기만의 행복에서 벗어난 사람은 자기가 누구를 사랑해야 할 것인지, 즉 자기가 지금 사랑하는 사람을 계속 사랑해야 할 것인지, 아니면 지금보다 더 나은 사랑은 없는지 궁리하는 일 없이, 자신의 손에 닿는, 그리고 바로 눈앞에 놓여 있는 사랑에 당장 뛰어든다.

– 톨스토이

자기 영혼의 개선을 위해 기울이는 노력만큼 자신에게도 그리고 남에게도 유익한 것은 없다.

— 톨스토이

✣

자식을 아는 아버지는 현명하다.

— 셰익스피어

✣

자기 자신을 알고 싶거든 남과 남의 행위를 유심히 관찰하라. 남을 알고 싶으면 자신의 마음 속을 들여다보라.

— 실러

✣

자기 자신을 잘 알고 있는 사람은, 누구보다 자기 자신을 존경하는 일이 적다.

— 톨스토이

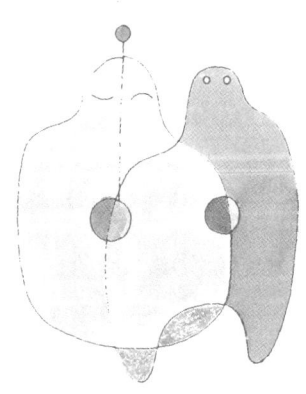

위대하고 진실한 것은 소박하다

종교는 곧 교육의 기초이다. 그런데도 현대의 그리스도교 사회에서는 아무것도 믿지 않는 것을 가르치고 있다. 어린이는 몹시 예리하고 감성적이기 때문에 그것을 바로 꿰뚫어보고, 그것들을 믿지 않을 뿐만 아니라 오히려 가르치는 사람들까지 믿지 않는다.

— 톨스토이

❧

자신 외의 그 누구도 인간의 정신적인 성장을 결코 방해할 수 없다. 육체의 쇠약이나 지혜의 감퇴도 정신적 성장에 대한 장애가 될 수 없다. 그 이유는 정신적 성장은 오로지 사랑의 증대 속에 있고, 그 증대를 방해할 수 있는 것은 아무것도 없기 때문이다.

— 말로리

❧

지식은 마치 돈의 흐름과도 같다. 금을 채굴하는 일에 종사했거나, 그 주조에 참여했거나, 또는 정직하게 일하여 돈을 손에 넣은 사람은 자신이 가진 돈을 자랑할 자격이 있다. 그러나 그러한 일은 하나도 하지 않고 다만 지나가는 사람이 코앞에서 던져 주는 것을 받았을 뿐이라면 어찌 자랑할 자격이 있겠는가?

— 러스킨

지극히 순수한 기쁨의 하나는 노동 뒤의 휴식이다.

― 칸트

✤

자신에게 만족하는 인간은 항상 남에게는 불만스럽다. 늘 자기에게 불만인 자는 항상 남에게는 만족한다.

― 톨스토이

✤

자신의 마음속에 고정된 생활의 흐름을 바꾸려면, 생활 자체와 싸우는 것이 아니라 그 생활을 낳고 있는 사상과 싸우지 않으면 안 된다.

― 톨스토이

✤

자신의 내적인 사명을 수행하며 영혼을 위해 사는 것이야말로 가장 효과적인 삶이며 이는 곧 사회생활의 개선에 봉사하는 길이다.

― 톨스토이

✤

자신이 먹을 빵을 제 손으로 얻으려 하지 않는 사람들 속에, 진정한 종교적 이해와 순수한 도덕성이 존재하는 것은 물리적으로 불가능하다.

― 러스킨

✤

자신의 힘을 안다면 그 힘 자체를 과소평가할지언정 결코 과대평가하지는 않는다.

― 톨스토이

자신이 저지른 나쁜 짓을 모두 떠올려보라. 그러면 다음에 나쁜 짓을 하지 않도록 도와줄 것이다. 그러나 자신이 한 좋은 일을 떠올리면, 그것은 다음에 착한 일을 하는 것을 방해하게 될 것이다.

― 톨스토이

❖

자신에게 맞는 자리보다 낮은 자리에 앉으라. 아래로 내려가라는 말을 듣느니보다 위로 올라가라는 말을 듣는 것이 낫다. 스스로를 높이는 자는 신에 의해 낮춰지지만 스스로를 낮추는 자는 반드시 신이 그를 높여 주리라.

― 탈무드

❖

전쟁에 의해 생기는 물질적 손해가 아무리 크다 해도, 선악에 관한 잘못된 관념이 근로 대중의 정신에 미치는 해악에 비하면 아무것도 아니다.

― 톨스토이

❖

종교란 단순한 형태로 마음에 호소하는 예지이다. 예지란 곧 인간의 이성에 의해 인정된 종교이다.

― 톨스토이

❖

좋은 인간이란 자기의 죄는 언제까지나 잊지 않고 자기의 선행을 곧 잊는 자이다. 그러나 나쁜 인간은 그 반대로 자기의 선행은 언제까지나 잊지 않고 저지른 죄는 곧 잊는 자이다.

― 톨스토이

좋아하는데 아무런 이유가 없다고 하면 미워하는 데도 이렇다 할 이유가 없을 것이다.

- 셰익스피어

✥

훌륭한 인생은 하느님의 섭리를 얼마나 잘 실천하고 있는지에 따라 판단해야 한다.

- 톨스토이

✥

어느 날 중국의 현자에게 사람들이 물었다. "지혜는 무엇입니까?" 현자가 말했다. "그것은 사람을 아는 것입니다." 사람들은 또 물었다. "그럼 인仁이란 무엇입니까?" 그러자 현자가 대답했다. "그것은 곧 사람을 사랑하는 일입니다."

- 톨스토이

✥

지혜의 법칙을 아는 자는 그것을 사랑하는 자보다 못하고 지혜의 법칙을 사랑하는 자는 그것을 실천하는 자보다 못하다.

- 중국 잠언

세상은 단순한 속죄의 장소가 아니라 우리가 진리와 정의를 실천하기 위해 노력해야 하는 곳이다. 그 진리와 정의에 대한 갈망은 모든 사람의 마음 속에 있다.

— 마치니

⚜

지금은 전혀 관심을 느끼지 않는 많은 일들이, 지난날에는 얼마나 간절하게 원했던 일인지 생각해 보라. 지금 너를 혼란시키고 있는 욕망도 그와 마찬가지이다. 또 네가 이제까지 자신의 욕망을 만족시키려고 애쓰다가 얼마나 많은 것을 잃었는지를 떠올려보라. 현재도 마찬가지이다. 네 욕망을 가라앉혀라. 그것이 가장 유익한 일이고, 또 그것은 언제라도 가능한 일이다.

— 톨스토이

⚜

지난일을 후회하지 마라. 허위는 회개하라고 말한다. 그러나 진실은 오직 사랑하라고 말한다. 모든 추억을 멀리 하라. 지나간 일에 대해 얘기하지 말라. 오로지 사랑의 빛 속에서 살며 그 밖의 모든 것은 지나가 버리는 대로 그냥 내버려 두어라.

— 페르시아 금언

⚜

하느님은 모든 자들을 시험한다. 어떤 사람은 부富를 통해, 어떤 사람은 가난을 통해, 부유한 자는 가난한 자에게 아낌없이 베푸는지, 가난한 자는 그 가난을 원망하지 않고 순종하는 마음으로 견뎌내고 있는지를.

— 탈무드

진리를 가르치는 말은, 그것이 자신의 자아를 버린 사람의 입에서 나왔을 경우에만 믿을 만한 가치가 있다.

— 탈무드

✤

진리의 탐구가 시작되는 곳, 반드시 그곳에서는 생명이 시작된다. 그러나 진리의 탐구가 중단되면, 그 즉시 생명도 중단된다.

— 러스킨

✤

진정한 종교는, 사람들이 자기를 에워싸고 있는 무한한 삶과의 사이에 수립하는 관계를 뜻한다. 이러한 관계가 그의 삶과 이 무한한 삶을 연결하여 곧 그의 모든 행위를 지도하는 것이다.

— 톨스토이

✤

참된 인간은 그 사람 속에 사는 영혼이다. 그 사람이 행위에 의해 그 영혼을 드러낸다면 우리는 그 앞에 고개를 숙일 것이다. 옛 말씀에 "하느님은 소리 없이 찾아온다"고 했다. 즉 그것은 우리와 만물의 근본 사이에는 장벽이 없다는 것, 그 결과인 인간과 하느님 사이에 벽이 없다는 뜻이다.

— 에머슨

✤

추상적인 것에 대한 생각에서는, 가장 오래 된 생각이 옳다. 왜냐하면 건전하고 인간적인 예지가 직접 그 속에 반영되어 있기 때문이다. 즉 하느님이 존재한다는 생각도 그와 같다.

— 레싱

하느님에게 다가가는 것, 곧 그것이 인생이다. 자기완성을 향해 줄곧 힘써 나아가는 사람, 그 사람은 총명한 사람이며 선과 악을 분별할 줄 아는 사람이다. 만약 어떤 사람이 선이 선인 줄 알고 악이 악인 줄 알 때, 그 사람은 굳게 선을 지키고 악에서 멀어질 것이다.

— 공자

✣

화살같이 달리는 마차처럼 솟아오른 자신의 분노를 꾹 참을 수 있는 사람이야말로 좋은 마부라 불리울 자격이 있다. 그 밖의 힘없는 사람은 그저 고삐만 잡고 있을 뿐이다.

— 석가

✣

하느님은 우리의 영혼을, 우리의 부모에게도 형제들에게도 재물에도 우리의 육체에도, 그리고 죽음에도 결코 예속시키지 않았다. 하느님은 그것을 우리에게 속하는 것, 즉 우리의 이성에 따르게 한 것이다.

— 에픽테토스

✣

학문의 대상은 무한하다. 그렇기 때문에 모든 사람의 사명과 행복이 어디에 있는가 하는 지식이 없으면, 이 무한한 대상 가운데서 선택하는 것이 불가능해진다. 따라서 그러한 지식이 없으면, 그 밖의 모든 지식과 예술도, 오늘날의 그리스도교 사회에서 그러하듯이 점점 쓸데없는 놀이가 되고 만다.

— 톨스토이

인간이 착한 일을 하기 위해서는 노력이 필요하지만, 악을 저지르지 않기 위해서는 그 이상의 부단한 노력이 필요하다.

― 톨스토이

✤

현자는 자신의 이익을 위해 사랑하는 것이 아니라 오직 사랑 그 자체에서 행복을 발견하기 때문에 사랑하는 것이다.

― 파스칼

✤

하느님의 법칙에 진실하게 사는 사람에게는 죽음도 고통도 존재하지 않는다.

― 톨스토이

✤

한 순간 한 순간, 자신의 마음 속에 있는 모든 지배욕을 없애기에 힘써라. 그리고 결코 영예와 칭찬을 찾지 말라. 그러한 것들에는 모두 너의 영혼을 파멸시킬 위험성이 있다. 정신을 차려서, 나에게는 남에게 없는 미덕이 있다는 자기도취를 경계하라.

― 성현의 사상

✤

진실로 사랑하기 위해서는 그리스도가 말한 것처럼 부자는 구걸하는 자에게 베풀어야 한다. 그러나 구걸하는 자 모두에게 베푼다면 그 사람은 아무리 많은 재물을 가지고 있어도 금세 가난해질 것이다. 부자는 가난해져야 비로소 그리스도가 부유한 젊은이에게 명령한 것을 실천한 것이 된다.

― 톨스토이

하늘과 땅은 영원하다. 그 이유는 영원한 것은 하늘과 땅이 자신을 위해 존재하기 시작한 것이 아니기 때문에 그 존재는 영원한 것이다. 그와 마찬가지로 성인도 자기로부터 벗어남으로써 영원해진다. 그는 영원해짐으로써 세상에서 비할 데 없이 강력해지고 자기에게 필요한 모든 것을 성취한다.

― 노자

✤

현자는 자기 자신에 대해서는 엄격하지만 남들에게는 아무것도 요구하지 않는다. 그는 언제나 자신의 주어진 처지에 만족하며, 자신의 운명에 대해 결코 하늘을 원망하거나 남들을 비난하지 않으며 낮은 자리에 있으면서 운명에 순종한다. 그러나 어리석은 자는 세상의 행복을 찾으려다 종종 위험에 빠진다. 활이 과녁을 맞히지 못하면 궁수는 자신을 탓하지 결코 남을 탓하지 않는다. 현자도 그처럼 행동한다.

― 공자

✤

총명하고 선한 사람일수록 사람들 속에 있는 선을 알아본다.

― 파스칼

✤

땅을 갈지 않는 자에게 땅이 이렇게 말했다.
"너는 그 손을 사용하여 나를 갈지 않는 벌로서, 영원히 뭇 거지들과 함께 남의 집 문 앞에 서서, 영원히 부자들이 먹다 남긴 찌꺼기를 얻어먹게 될 것이다."

― 조로아스터

"부디 서로 사랑하여라. 이것이 너희에게 주는 나의 계명이다. 세상이 너희를 미워하거든 너희보다도 나를 먼저 미워했다는 것을 알아두어라. 너희가 만일 세상에 속한 사람이라면 세상은 너희를 한 집안 식구로 여겨 사랑할 것이다. 그러나 너희는 세상에 속하지 않았을 뿐더러 오히려 내가 세상에서 가려낸 사람들이기 때문에 세상이 너희를 미워하는 것이다."

- 요한복음

✢

흔히 부모들은 현재의 세상(비록 타락해 있을지라도)에만 맞춰 아이들을 교육하고 있다. 그러나 아이들을 미래의 더 나은 세상에 맞춰 교육함으로써 비로소 우리는 인류의 미래사회에 공헌할 수 있다.

- 칸트

✢

말없는 보석이 살아 있는 인간의 말보다 여자의 마음을 더 움직이는 법이다.

- 셰익스피어

모든 종교상의 문제가 이미 해결되어 교리가 확립되어 있다고 믿고, 이내 그 같은 문제의 해결과 교리의 확립을 뒤를 잇는 사람들의 손에 모두 일임하는 사람들이 있다.
남이 자기의 항상 되풀이하는 생각하는 일에 대해 무슨 고민을 할 필요가 있겠는가? 맹목적인 신앙에 의해 만들어진 무쇠 멍에의 흔적이 노예의 증거로서 오랫동안 우리의 목에 남게 되지 않을지 나는 두렵다.

― 밀턴

✤

"하늘에 계신 너희의 아버지처럼 완전하여라" 라고 한 것은 너희 마음 속에 있는 신의 근본을 일깨우는 데 노력하라는 뜻이다.

― 톨스토이

✤

건강하거든 세상의 사람들을 위한 봉사에 쓰도록 하라. 네가 병을 앓거든 다른 사람들에게 옮기지 않도록 노력하라. 네가 부유하거든 부유로부터 도망치도록 노력하라. 그리고 네가 가난하거든 사람들에게 아무것도 요구하지 않도록 노력하라. 네가 만일 어떤 수모를 당했어도 그 사람들을 사랑하도록 힘써라. 네가 남에게 잘못을 저질렀으면 다시는 그런 일이 없도록 노력하라.

― 톨스토이

✤

가장 철저하게 자신에게 원한을 품은 사람까지 네 마음 속의 모든 것을 믿을 수 있는 삶을 살아야 한다.

― 세네카

가장 중요한 것은 선한 생활에 대한 탁상공론이 아니라, 실제로 남에게 선을 베푸는 것이다.

— 탈무드

✤

인간은 결국 자신이 목적한 것만을 얻는다. 그러므로 자신의 삶에 있어 가장 높은 것을 목적으로 삼아야 한다.

— 소로

✤

개인의 행복을 쫓아 잡는 것이 인생이라는 견해에서 세계를 보는 경우, 사람들은 서로 멸망시키려는 인간끼리의 비이성적 투쟁만을 세계에서 보아왔다. 그러나 사람이 행복을 원하는 일이야말로 인생이라 인정한다면 전혀 다른 것을 세계에서 볼 수 있는 것이다. 즉 생각지도 않은 인간끼리의 싸움보다도 우선 그는 끊임없이 서로 봉사하는 인간의 참모습만을 이 세상에서도 볼 수 있는 것이다. 이 서로간의 봉사 없이는 세계는 성립될 수 없는 것이다.

— 톨스토이

✤

그 날이 오면 너희가 나에게 물을 것이 하나도 없을 것이다. 정말 잘 들어두어라. 너희가 내 이름으로 아버지께서 구하는 것이면 무엇이든지 다 주실 것이다.

— 요한복음

✤

인간의 가정생활에 있어서 가장 소중한 것은 인내이다.

— 체호프

남의 말에 귀를 기울이고 신중하게 행동하라. 그러나 말은 적게 하라. 묻는 사람이 없거든 절대로 입을 열지 말라. 그러나 질문을 받으면 곧 짧게 대답하고, 그리고 모를 때는 부끄러워하지 말고 모른다고 솔직하게 말하라. 결코 논쟁을 위한 논쟁을 벌이지 말라. 그리고 절대로 과장하지 말라.

높은 자리를 찾지 말고 그런 자리를 권하거든 절대로 받아들이지 말라. 자신의 의무에 반하는 일이 아니라면 네가 같이 살고 있는 이웃의 습관과 희망에 따르라. 자신의 의무도 아니며 이웃에게 도움이 되지도 않는 일에는 구태여 나설 필요가 없다. 그러한 습관은 곧 우상이 되기 쉽다. 우리는 모두 자신 속의 우상을 파괴하지 않으면 안 된다.

— 수피

✤

가족에 대한 사랑 속에는 도덕적인 의미의 선과 악이 들어 있지 않다. 이것은 어느 쪽이나 모두 자연스런 현상이다. 그러므로 가족에 대한 사랑도 그 한계를 넘어서면 죄악이 될 수는 있어도 절대로 선이 될 수는 없다.

— 톨스토이

✤

결혼하지 않아도 살 수 있는데도 결혼하는 인간의 행위는 마치 그 무엇에 걸리지도 않고 쓰러지는 사람의 행위와 같다. 무엇에 걸려 넘어진다면 할 수 없다. 하지만 걸리지도 않는데 왜 일부러 넘어진단 말인가.

— 톨스토이

그릇의 물을 흘리지 않으려면 조심스럽게 그것을 반듯하게 들어야 한다. 날이 잘 들게 하려면 칼을 항상 잘 갈아야 한다.
네가 진정한 행복을 찾고 있다면 네 영혼도 또한 그와 마찬가지로 해야 한다.

― 노자

✣

신을 찾는 것은 마치 그물로 물을 뜨는 것과 같다. 뜨고 있는 동안은 물은 그물 속에 있지만, 그 물을 떠났을 때에는 곧장 아무것도 들어 있지 않다.
사색과 행위를 통해 신을 찾고 있는 동안, 신은 너의 마음 속에 있다. 그러나 신을 찾아냈다고 생각하고 안심한 순간 너는 곧 신을 잃어버릴 것이다.

― 스트라호프

✣

우리는 자기 자신을 바라봄으로써 자기 자신을 알 수 있다고 생각하는가? 그렇지 않다. 타인을 바라봄으로써 비로소 자기 자신을 곧 알 수 있다. 나의 힘을 타인의 힘과 견주어 보며 나의 이익을 양보하도록 노력하라. 자신을 늘 부족한 존재로 생각하고 타인의 존엄성 앞에 머리를 숙여라.

― 러스킨

✣

남에게 선을 베풀고 그에 대한 보답을 요구하는 것은 그 선의 작용과 힘을 죽이는 것이 된다.

― 성현의 말

기도를 시작하기에 앞서서 먼저 자신이 기도하는 시간 동안 온전하게 정신을 집중할 수 있는지 스스로 시험해 보라. 만약 그것이 되지 않을 때는 절대로 기도하지 말라. 습관적으로 하는 기도는 진실한 기도라 할 수 없다.

— 탈무드

✣

그리스도의 가르침이 진정으로 우리에게 다가오는 것은 우리의 생명은 결코 우리 자신의 소유물이 아니라 우리에게 생명을 준 자의 소유물이며, 그 생명의 목적은 인간이 아니라 오직 생명을 준 자의 의지 속에 있다는 것을 깨달음으로써 비로소 가능하다. 우리는 그 의지를 잘 깨닫고 실천하지 않으면 안 된다.

— 톨스토이

✣

남을 위해 사는 것이 진정으로 자기 자신을 위해 사는 것이다. 이 말이 혹시 이상하게 들릴지도 모르지만 반드시 실천해 보라, 그러면 곧 사실이라는 것을 깨닫게 될 것이다.

— 톨스토이

✣

남이 우리들에게 베푼 친절은 종종 흔적도 없이 사라지지만, 우리가 남에게 베푼 친절은 반드시 흔적이 남는다.

— 성현의 말

✣

남의 잘못은 용서하고 자신에게는 결코 아무것도 용서하지 말라.

— 시루스

나비 종류 중에는 암놈보다 수놈의 숫자가 훨씬 적은 종류가 있다. 네가 지금 이 나비의 암놈을 한 마리 가지고 있다고 한다면, 밤이 되면 수놈이 암놈을 찾아 너에게로 올 것이다. 몇 시간이나 걸릴 먼 곳으로부터도. 하지만 생각해 보라. 모든 수놈들은 그 지방에 있는 단 한 마리의 암놈을, 수 킬로미터나 떨어진 곳에서도 냄새를 맡는 것이다. 여러 가지로 그것을 설명하려고 생각하고 있지만 여간 어려운 일이 아니다. 자연계에서는 이와 같은 일이 많다. 하지만 그 이유는 누구도 설명할 수 없는 것이다.

— 헤세

✠

남에 대한 평가는 언제나 정확하지 않다. 그 이유는 그 사람의 마음 속에서 일어났던 일 그리고 지금 일어나고 있는 일은 아무도 알 수 없기 때문이다.

— 톨스토이

✠

결혼생활에 있어서 가장 중요한 것은 인내다.

— 체호프

나는 악을 저지르는 것을 원하지 않지만, 만약 저지르는 경우에는 그것을 도저히 자신이 자제하지 못했기 때문이라는 것을 잘 알고 있다. 다른 사람들도 역시 자기 자신을 억제하지 못하기 때문에 악을 저지르는 것이다. 그런데 어떻게 그들을 나쁘게 생각하거나 비난할 수 있을까?

— 톨스토이

✤

모든 일에 급할수록 돌아가는 것이 빠르다.

— 톨스토이

✤

너에게 있어서 매우 좋은 일이 있다 하더라도 그것을 한두 번 부른다고 금세 너에게 찾아오지 않는다. 계속해서 수고와 노력을 하지 않으면 쉽게 찾아오지 않는다.

— 에머슨

✤

남에게 선을 베푸는 자는 무엇보다 자기 자신에게 선을 베푸는 것이다. 이는 그것에 대하여 보답이 있다는 의미가 아니라, 선을 베풀었다는 의식이 벌써 스스로에게 커다란 기쁨을 안겨 준다는 의미이다.

— 세네카

✤

다른 사람들이 너 자신에 대해 어떻게 생각할지 마음을 졸이며 살 것이 아니라 너 자신이 좋다고 생각하는 삶을 살도록 살라.

— 말로리

네 마음 속에 행동력이 있거든 그 행동을 사랑이 넘치는 것이 되게 하라. 그리고 만약 네가 나약하고 무력한 존재라면 너의 나약함까지도 사랑이 넘치는 것이 되게 하라.

– 톨스토이

✤

더 나은 인간이 되려고 노력하는 삶보다 좋은 삶은 없으며, 실제로 자신이 더 나은 인간이 되어 가고 있다는 것을 느끼는 것보다 큰 기쁨은 없다. 그것이 바로 내가 오늘까지 끊임없이 경험한 행복이며, 내 양심이 나에게 그것이야말로 진정한 행복임을 말해 주고 있다.

– 소크라테스

✤

남의 결점에 대해서는 불쾌하게 느끼면서도, 자신 속의 결점은 전혀 깨닫지 못하고 그것을 알려고도 하지 않는다. 남의 얘기를 할 때, 그 사람을 흉보는 사람은 그게 바로 자신에 대한 얘기임을 알지 못한다.

– 브뤼에르

✤

내 마음은 몹시 무겁다. 나는 나의 인생에서 아무도 행복하게 해 주지 못했다. 나는 참으로 많은 죄를 지었다. 나는 세 번의 큰 전쟁에 대해 책임이 있다. 나로 인해 80만 명이 넘는 사람들이 세상을 떠났다. 지금 그들의 남겨진 가족들이 울고 있다. 이 모든 것이 하느님과 나 사이를 가로막고 있는 것이다.

– 비스마르크

네가 지금 무거운 짐을 지고 있는 그곳에 너의 행복이 있다는 것을 알라. 그 무거운 짐에서 너의 이성적인 생활에 필요한 것을 마음껏 섭취하라. 위장이 음식물에서 몸에 필요한 영양분을 섭취하듯, 그리고 무엇을 던져 넣으면 불길이 더욱더 타오르듯.

― 아우렐리우스

✤

너희가 만일 자기한테 잘해 주는 사람에게만 잘해 준다면 칭찬받을 것이 무엇이겠느냐? 죄인들도 그만큼은 한다. 너희가 만일 되받을 가망이 있는 사람에게만 꾸어 준다면 칭찬받을 것이 무엇이겠느냐? 죄인들도 고스란히 되받을 것을 알면서 서로 꾸어 준다. 그러나 너희는 원수를 사랑하고 남에게 좋은 일을 하라. 그리고 반드시 되받을 생각을 말고 무조건 주어라. 그러면 너희가 받을 상이 클 것이며 너희는 지극히 높으신 하나님의 자녀가 될 것이다. 그분은 은혜를 모르는 자들과 악한 자들에게도 매우 인자하시다. 그러나 너희의 아버지께서 자비로우신 것같이 너희도 자비로운 사람이 되어라.

― 누가복음

✤

너무 적게 먹었다고 후회한 사람은 이 세상에 아무도 없었다.

― 톨스토이

✤

당신에게 내 손을 키스하게 하면 이번에는 팔꿈치를, 그리고 또 어깨를……. 하실 테죠.

― 체호프

네 이웃을 위해 봉사하라. 사랑의 사업을 펼쳐라. 행여 나쁜 말을 입에 담지 말고 나쁜 행동을 피하며, 필요하면 용기를 내고 수치심을 극복하며, 꼭 해야 할 말을 하고 좋은 일, 반드시 사랑이 넘치는 일을 하라. 이러한 것들은 눈에 띄지 않는 일이지만, 이처럼 조그마한 씨알에서 온 세상을 그 사랑의 나뭇가지로 가득 덮는 사랑의 거목이 자라난다.

― 톨스토이

✤

네가 마땅히 해야 할 일이라고 생각하는 일을 망설임 없이 행하라. 그리고 그러한 일에 대해서 결코 어떠한 명예도 기대하지 말라. 어리석은 인간은 이성적인 행위에 대한 비판자라는 것을 항상 기억하라.

― 톨스토이

✤

만약 마음 속으로는 자신이 신에 대해 죄가 있음을 느끼면서도 남에게 자기 자신이 저지른 죄를 인정하지 않는 사람은 언제나 남을, 특히 자기가 죄를 짓고 있는 상대방을 나쁘게 말하고 싶어하는 법이다.

― 톨스토이

✤

만약 네가 상대에게 불만을 품고 있다면 또 네가 옳은데 상대가 도와주지 않는다면, 그것은 상대에게 잘못이 있는 것이 아니라 그와 얘기할 때 네 태도가 나빴기 때문이라 생각하라.

― 톨스토이

도덕성은 자신의 의지를 사회를 위해 전 세계를 위해 돌리는 것이며, 개인적인 자신의 목적과 동기가, 동시에 모든 이성적인 존재의 목적과 공기가 될 수 있는 사람이야말로 덕성이 높은 사람이다.

― 에머슨

✤

만일 네가 누군가의 잘못을 알았다면, 상대를 따뜻하게 감싸주고 그가 잘못한 점을 조용히 지적해 주어라. 만약 그가 네 충고를 받아들이지 않는다면, 너 자신을 나무라지 말고 끝까지 너그러운 태도로 상대를 대해야 한다.

― 아우렐리우스

✤

두려움 없이 죽음을 생각할 수 있게 되기를 원하거든, 열심히 삶에 매달리는 사람들을 바라보고 그들의 처지가 되어 보라. 그들은 죽음이 너무 일찍 찾아왔다고 생각한다.

― 아우렐리우스

✤

어떤 사람이 죽어서 그 영혼이 하늘에 오르자, 문득 그 앞에 온 몸이 고름 투성이인 추악하고 더러워 소름이 끼치는 여자가 나타났다. "너는 왜 이런 곳에서 헤매고 있느냐? 그처럼 흉측하고 더럽고 끔찍한 모습으로! 너는 도대체 누구냐?"하고 영혼이 말했다. 그러자 그 무서운 여자가 대답했다.
"나는 곧 네가 저지른 행위이다."

― 톨스토이

만약 인간에게 이성이 없다면, 그는 결코 선과 악을 구별하지 못하고 진정한 행복을 찾아 그 행복을 누릴 수 없을 것이다.

- 톨스토이

❖

돈을 모으는 인간은 사랑할 줄을 모른다.

- 톨스토이

❖

만일 두 사람 사이에 미워하는 마음이 있다면 그것은 양쪽 모두에 잘못이 있는 것이다. 만일 미움이 생겼다면 그 미움은 양쪽에 다 있었던 것이다.

- 톨스토이

❖

모든 것이 어둡게 보이고 모든 것이 나쁘게 생각되고, 누구한테나 욕을 퍼부으며 심술을 부리고 싶어질 때는 자기 자신을 믿지 않는 것이 좋다. 그런 때는 자신을 마치 주정꾼을 보듯 바라보며 아무 것도 하지 말고 그런 상태가 빨리 지나가기를 기다려야 한다. 가능한 한 아무것도 하지 않는 것이 빨리 원상태로 돌아갈 수 있는 좋은 방법이다. 그것은 바로 술주정꾼이 하룻밤 푹 자고 나면 말짱해지는 것과 같다.

- 톨스토이

❖

먼 곳에서 행복을 찾지 말라. 필요한 것은 쉽게, 필요하지 않은 것은 어렵게 만드신 신에게 감사하라.

- 스코로보다

오직 자신을 사랑하는 자만이 살아 있는 것이다.

― 톨스토이

✤

만일 사람이 진리를 보고 두려워하며 그 진리를 인정하지 않고, 자신이 지금까지 진리라고 생각해 온 것이 거짓이었다는 의식을 애써 무시한다면, 그는 자기 자신이 해야 할 일을 영원히 모르게 될 것이다.

― 톨스토이

✤

먹을 것을 구걸할 바에는 숲에 들어가 땔나무 한 단을 베어 그것을 먹을 것으로 바꾸는 것이 훨씬 낫다. 먹을 것을 구걸해서 얻지 못할 때는 부끄럽고 화가 날 것이고, 또 얻으면 얻는 대로 더욱 나쁘다. 왜냐하면 준 사람에게 빚을 지게 되기 때문이다.

― 마호메트

✤

모든 사람에게 보편적인 도덕적 이념이 없다면, 사람들이 자기 자신에 대한 불만을 달래기 위해 자꾸만 의지하게 된다. 그리고 그것에 의해 사람들이 더욱더 자신을 무익한 존재, 끊임없는 불만으로 몹시 괴로워하는 존재로 만든다.

― 칸트

✤

목숨을 연명하기 위해 인간으로서의 지조를 잃을 바에는 차라리 굶어 죽는 것이 낫다.

― 소로

모든 사람이 즐겁고 행복하기를 바라고, 특히 내가 그들을 행복하게 해주고 싶은 마음, 언제나 모든 사람이 즐겁고 기쁘게 살기 위해 자기 자신과 자신의 생명을 바치고 싶은 감정이다. 바로 그러한 감정이야말로 인간 생명의 근본이다.

— 톨스토이

⚜

모든 위대한 것은 반드시 순수하고 단순 소박한 상태 속에서 이루어진다. 밭을 갈고, 집을 짓고, 가축을 치는 것, 사색하는 것까지도 천둥과 번갯불 밑에서는 불가능하다. 위대하고 진실한 것은 언제나 소박하고 겸손하다.

— 톨스토이

⚜

무한한 세계 속에 자신은 유한한 존재라는 의식, 그리고 자신이 할 수 있었고 그리고 마땅히 했어야 하는 모든 일을 하지 않았다는 죄의식은, 그가 인간인 이상 언제나 있었고 그리고 앞으로도 계속 있을 것이다.

— 톨스토이

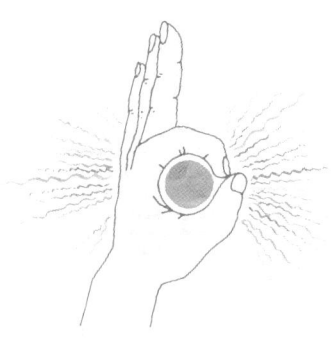

모든 일 가운데서 언제든지 충분히 마무리할 수 있는 일이 있는데, 그것은 결코 상대에게 대가를 바라지 않는 사랑의 일이다.

― 톨스토이

⚜

모든 형벌은 결코 정의에 의한 것이 아니라 단순히 자신이나 다른 사람에게 악을 저지른 자에게 더 큰 악을 저지르고자 하는 나쁜 욕망에 비롯되고 있다.

― 톨스토이

⚜

무엇이든지 연구해도 좋다. 그러나 이성에 합일되는 것만 믿어라.

― 톨스토이

⚜

모르는 것을 결코 두려워하지 말라, 오히려 거짓된 지식을 두려워하라. 이 세상의 모든 악은 곧 그것에서 비롯되었다.

― 톨스토이

⚜

미래에 있어서의 사랑이란 없다. 한마디로 말해 사랑은 전적으로 현재에 있어서의 활동이다. 세상에서 사랑을 모르는 인간은 사랑이 없는 자이다.

― 톨스토이

⚜

당신이 만약 고독을 두려워한다면 결혼해서는 안 된다.

― 체호프

사람들은 많은 일을 매우 중요하다고 여기면서 살지만, 원래 그들에게 사명이 주어진 하나뿐인 일, 다른 모든 일을 그 안에 포함하는 일만은 결코 하려 하지 않는다. 말하자면 자신의 영혼을 개선하고, 영혼의 근본을 일깨우는 일을 하지 않는 것이다. 그 일이 인간의 사명인 것은, 그것이야말로 인간이 그것을 달성하는 데 어떤 장애도 만나지 않는 하나뿐인 목적이라는 사실에 비추어 봐도 뚜렷하다.

— 톨스토이

✢

바리사이파 사람들이 와서 예수의 속을 떠보려고 "무엇이든지 이유가 있으면 남편이 아내를 버려도 좋습니까?" 하고 물었다. 그러자 예수께서는 "처음부터 창조주께서 사람을 남자와 여자로 만드셨다는 것과 또 '그러므로 남자는 부모를 떠나 제 아내와 한 몸을 이루리라' 고 하신 말씀을 아직 읽어 보지 못하였느냐? 그들은 이제 둘이 아니라 한 몸이다. 그러니 하나님께서 짝지어 주신 것을 사람이 갈라 놓아서는 결코 안 된다" 하고 대답하셨다.

— 마태복음

✢

불행한 사람은 자신이 불행한 것은 자신의 어리석음 때문이라는 것을 인정해야 한다. 그가 만약 자연과 그 법칙에 충실하다면 자연은 반드시 그 불변의 법칙에 따라 그에게 선과 행복을 줄 것이다. 그러나 그가 자연의 법칙에 따르지 않으면, 자연도 더 이상 참지 못해 그를 버리고 행복을 얻을 수 없다.

— 칼라일

사랑의 싹은 몹시 연약해서 살짝 건드리기만 해도 죽기 일쑤지만, 일단 자라고 나면 대단히 강인해진다. 싹이 트는 데 필요한 것은 오직 한 가지가 있다. 그것은 무럭무럭 자랄 수 있게 하는 이성의 햇빛을 가리지 않는 것이다.

― 톨스토이

✥

비열한 자에게 아부할 바에는 차라리 목숨을 버리는 것이 낫다. 부자에게 빌붙어 호강할 바에는 가난뱅이에게 아부하는 것이 훨씬 낫다. 부잣집 문 앞에 서서 구걸하지 않는 것, 그것이 바로 인간의 최선의 생활이다.

― 인도 경전

✥

사람들은 누군가에게 좋은 일을 하면 그것에 대한 보답이나 감사의 말을 기대한다. 그리고 비록 보답과 감사의 말을 기다리지는 않더라도 자신이 선을 베푼 상대를 자신에게 빚을 진 것으로 생각한다. 그러나 선행은, 그것이 비록 남을 위해서가 아니라 자기 자신을 위해 베풀어졌을 때, 그리고 그것을 베푼 사람이 보답을 요구하지 않고 선을 베풀었을 때 비로소 참된 선이 된다.

― 톨스토이

✥

사람들의 지배에서 벗어나고 싶으면 곧장 신의 지배 하에 들어가라. 네가 신의 지배 하에 있음을 의식한다면 사람들은 너에게 어떤 짓도 할 수 없을 것이다.

― 톨스토이

부富로 선을 베풀 수는 없다. 부자가 선을 베풀려면 무엇보다 제일 먼저 가진 부를 버리지 않으면 안 된다.

― 톨스토이

✤

사람들 사이에 싸움이 벌어진다면, 그 정도의 차이는 있지만 양쪽 다 잘못이 있다. 만약 당사자 가운데 한쪽의 행동이 완전무결하다면, 이를테면 거울 겉면에 성냥불을 붙일 수 없는 것과 마찬가지로 절대로 싸움이 일어날 리 없다.

― 톨스토이

✤

사람은 타인에 대한 아첨과 허영에서 벗어날수록 신을 섬기기가 쉽고, 그 반대의 경우 역시 진실이다.

― 톨스토이

✤

사람의 마음을 꿰뚫는 하느님은 모든 사람들에게 누구나 평등하게 사랑을 베풀며 결코 차별하는 일이 없는데, 세상의 사람의 마음 속에서 어떤 일이 벌어지고 있는지 모르는 우리가, 어찌 단순한 겉모습만으로 사람들을 차별해서 어떤 사람은 사랑하고, 어떤 사람은 사랑하지 않을 수 있단 말인가!

― 톨스토이

✤

세상의 부자들에게 즐거움을 제공하는 것이 목적인 예술은 바로 창녀 그 자체이다.

― 톨스토이

사람들은 흔히 아무런 사랑 없이 남을 대해도 괜찮은 경우가 있다고 생각하지만 이 세상에 그런 경우는 절대로 없다. 그러나 사물을 대하는 데는 사랑이 없어도 괜찮다. 즉 함부로 나무를 베거나 벽돌을 만들고 쇠붙이를 망치로 쳐도 괜찮다. 그러나 사람을 대하는 데는 반드시 사랑이 없으면 안 된다. 그것은 함부로 꿀벌을 다루면 안 되는 것과 마찬가지이다. 벌을 함부로 다룬다면 벌도 다치고 인간도 다친다.

— 톨스토이

✣

사랑은 때때로 어처구니없이 허무한 것이다. 서로 호의를 가진 사람들끼리 제나름대로 불가사의한 운명을 지닌 채 엇갈리고 있다. 서로 다가설 수 있는 데까지 다가서서 도우려고 하지만 무의미한 꿈속에서처럼 도울 수가 없는 것이다.

— 헤세

✣

사람의 본성은 원래 곧은 것이다. 사람은 이 원래의 곧음을 세상을 사는 동안 잃어버리면 그는 결코 행복할 수 없다.

— 중국 금언

✣

사람이 선을 알고도 그것이 자신에게 요구하는 것을 실천하지 않는다면 그것은 바로 나그네가 길을 계속 나아가면 잠자리도 먹을 것도 있다는 것을 뻔히 알고 있으면서도 걸음을 멈추는 것과 똑같다.

— 톨스토이

사랑하는 부부가 자신들의 목표를 자기 완성에 두고, 그 목적 달성을 위해 때때로 경고와 따뜻한 충고로 서로 돕는다면, 두 사람은 반드시 큰 행복을 얻을 수 있을 것이다.

― 톨스토이

✤

상대에게 불쾌감을 주는 사람, 자신에게 적의를 품는 사람을 사랑하는 사람은 진정으로 사랑을 아는 사람이다. 사랑의 진실성을 증명하는 것은 곧 적에 대한 사랑이다.

― 톨스토이

✤

인간은 항상 자신이 최선으로 행동한다는 것을 늘 기억하라. 만약 그 행동이 진정으로 그에게 최선의 것이라면, 그는 옳은 것이다. 또 만약 그게 아니라면 그는 그만큼 불행하다. 왜냐하면 인간의 모든 마음 속의 헤매임에는 반드시 고뇌가 따르기 때문이다.
만약 네가 이와 같은 사실을 항상 잊지 않으면 너는 누구에게도 화내지 않고, 아무도 비난하거나 공격하지 않으며, 누구도 결코 미워하지 않을 것이다.

― 에픽테토스

✤

삶의 목적은 그 모든 곳에 사랑의 각인을 찍는 일이며, 악한 생활을 서서히 선한 생활로 바꿔 가는 것이다. 말하자면 인간의 진실한 생활을 창조하는 것이며, 바꿔 말하면 사랑에 의한 생활을 만드는 것이다.

― 톨스토이

사랑은 이성의 귀결이 아니며 그리고 일정한 활동의 귀결도 아니다. 사랑은 환희에 찬 생명의 활동인 것이다.

— 톨스토이

⚜

삶을 그 진실로 사는 자에게 있어서, 병에 걸리거나 나이를 먹었다 해서, '목숨이 얼마 남지 않았다'고 슬퍼하는 일은 빛을 향해 걸어가는 사람이 빛에 가까워짐에 따라서 자기의 그림자가 작아지는 것을 한탄하는 일과 다름없다. 또 육체가 멸망한다고 해서 자기의 삶도 멸망한다고 믿는 일은, 빛 속에 물체가 들어감에 따라서 물체의 그림자가 사라지는 것을 보고, 물체 그 자체가 사라진 것이라 생각하는 일과 다름없다. 이와 같이 결론을 지을 수 있는 것은 그림자만을 너무 깊게 보았기 때문에 끝내는 그림자를 물체 자체라 생각한 인간뿐이다.

— 톨스토이

⚜

선한 일에 대해서 어떠한 보답을 바란다는 말인가? 보답은 이미 인간이 선한 일을 베풀면서 체험하는 그 기쁨 속에서 얻어지고 있다. 그 외의 보답은 곧 이 같은 기쁨을 없애는 것이다.

— 톨스토이

⚜

새는 알에서 빠져나오려고 몸부림친다. 알은 곧 세계다. 태어나기를 원하는 자는 세계를 파괴하지 않으면 안 된다. 새는 신을 향하여 난다.

— 헤세

사랑이란 자기, 즉 동물적 개인보다도 다른 존재를 우선시키는 것을 말한다.

— 톨스토이

✤

상대의 입장을 바꿔 생각해 보지도 않고 그를 이러쿵저러쿵 비난해서는 결코 안 된다.

— 탈무드

✤

선량함은 독자적이고 현실적인 것이다. 그리고 인간 속에 선량함이 있는 만큼 곧 그 속에 생명이 있다. 이 법칙을 깨닫는 것은 우리의 마음에 우리가 종교적이라 부르는 가장 행복한 감정을 일깨운다.

— 에머슨

✤

사람은 남의 눈을 통해서만 제 약점을 볼 수 있다.

— 중국 속담

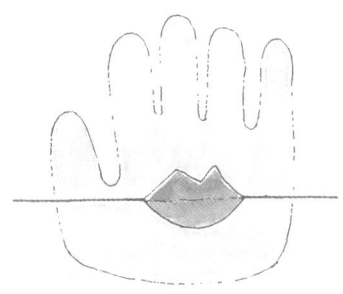

선인이란 자신의 잘못을 기억하고 자신의 선행은 잊는 사람이다. 악인이란 자신의 선행은 기억하지만 자신의 잘못을 잊는 사람을 말한다. 자신을 용서하지 않으면 남을 쉽게 용서하게 될 것이다.

― 탈무드

❖

선한 삶을 살려면 어떠한 착한 일도 소홀히 해서는 안 된다. 보잘 것없는 작은 선행도 세상을 떠들썩하게 하는 최대의 선행에 못지 않게 강한 힘이 반드시 필요하다.

― 톨스토이

❖

선한 사람들이 편히 쉬는 곳은 곧 그들의 양심이지 결코 다른 사람들의 입술이 아니다.

― 톨스토이

❖

성스러운 생활을 하고 있는 어떤 사람이 하느님에게 다음과 같이 간절히 기도했다. "하느님시여! 악인을 부디 불쌍히 여기시옵소서. 당신은 선인에게는 이미 자비를 베푸셨나이다. 선인은 선인이라는 것만으로도 이미 행복하니까요."

― 사디

❖

성실하고 곧은 절개는 오직 노파와 불구자뿐이다. 행동이 올바른 여자를 찾느니 차라리 뿔이 난 고양이를 찾는 편이 훨씬 간단하다.

― 체호프

선을 베풀고, 자비로우며, 온화하고 겸손하며, 그리고 항상 좋은 말을 하고, 남에게 선을 바라고, 항상 깨끗한 마음을 지니고, 항상 배우며, 진실을 말하고, 분노를 억제하고, 만족을 알고, 인내심이 강하며, 친절하고, 어른을 공경하고, 부모와 스승을 존경하는 사람은 모두 선인들의 벗이요, 곧 악인들의 적이다.

그리고 거짓을 말하고, 훔치고, 음란한 눈으로 여자를 바라보고, 남을 속이고 욕하고, 오만하고 게으르며, 사람을 모략하고, 인색하고, 화를 잘 내고, 남의 것을 가로채며, 복수심이 강하고, 질투심이 강하며, 이웃에게 나쁜 짓을 저지르고, 미신에 빠지는 삶은 모두 악인의 벗이요, 선인의 적이다.

— 페르시아 교리문답서

⚜

착한 삶은 사랑을 향해 끊임없이 노력하는 사람에게만 주어진다.

— 톨스토이

⚜

성실한 결혼생활을 영위함은 참으로 좋은 일이다. 그러나 보다 좋은 일은 아주 결혼하지 않는 일이다. 이러한 인간은 이 세상에 좀처럼 없다. 그러나 그런 인간은 곧 행복하다.

— 톨스토이

자기 완성의 길

세상의 사람들이 모두 손가락질하는 사람들 가운데서 훌륭한 사람을 찾아라.

― 톨스토이

✤

세상에 끝없는 불행은 좀처럼 존재하지 않는다. 절망은 희망 이상으로 사람을 기만한다.

― 보브나르그

✤

실의는 주변 사람들을 괴롭힐 뿐만 아니라 곧장 남에게 전염되기도 한다. 따라서 생각이 올바른 사람이라면 다른 사람들이 매우 불쾌하게 생각하는 일은 언제나 혼자 있을 때 하듯이, 그러한 실의를 몸을 맡기는 것도 혼자 있을 때 하여야 한다.

― 톨스토이

✤

습관은 결코 좋은 것이 아니다. 아무리 좋은 습관이라도 좋은 행위도 습관이 되어 버리면 이미 덕행이라 할 수 없다. 오로지 계속된 노력으로 얻어지는 것만이 덕이다.

― 칸트

세상의 사람들은 젊었을 때는 우리가 자신과 남에게 바라는 일을 할 수 있고, 인간의 사명은 끊임없는 자기 완성이며, 모든 인류의 모든 죄악과 불행을 없애는 것까지 가능하다고 확신한다. 우리는 이러한 젊은이의 공상을 가볍게 여겨서는 결코 안 된다. 오히려 그런 공상 속에, 세속의 때가 묻어 오랫동안 인간 본연의 삶을 등지고 살아온 노인들이, 남에게 아무것도 원하지 말고 있는 그대로 살라고 충고하는 말보다 훨씬 더 많은 진리가 들어 있다. 그러나 젊었을 때의 공상이 잘못된 것은 젊은이들이 자기 완성과 자신의 영혼의 완성을 남에게 강요하는 일과, 그리고 앞으로 일어날 일을 지금 당장 보고 싶어한다는 것뿐이다.

- 톨스토이

❖

세상에서 악인으로 일컬어지는 사람들의 대부분은 자신의 나쁜 정신상태를 정상으로 생각하고 그것이 몸에 배어 버린 결과 자신도 모르게 어느 날 그렇게 되어 버린 것이다.

- 톨스토이

세상의 사람들이 생각하기 시작한 이래, 그들은 죽음을 생각하는 것만큼 인간의 도덕적 생활에 도움이 되지 않는 것을 인정해왔다. 잘못된 의술은 환자의 고통을 덜어 주는 일에 관심이 없고, 환자의 목숨을 연장하는 데에만 목적을 두고 그들로 하여금 죽음에 대한 생각을 떨쳐 버리게 한다. 그래서 그들로부터 도덕적인 생활에 대한 가장 큰 격려를 빼앗는 것이다.

— 톨스토이

✤

세상에서 완전히 사라진다는 것은 상상할 수 있는 일이지만, 부富를 숭배하고 가난을 우롱하면서 살아갈 수 있다는 것은 도저히 상상할 수 없는 일이다.

— 모리스

✤

세상을 살면서 삶의 완성을 바라는 것은 도저히 불가능하다. 그렇다고 계속해서 고독하게 살면서 완성을 바라는 것은 더더욱 가능성이 적다. 완성을 위한 가장 좋은 조건은 고독 속에서 자신의 세계관을 뚜렷하게 정립하고, 그런 다음 세상 속에 살면서 그것을 계속 실천하는 것이다.

— 톨스토이

✤

세상의 모든 것이 조용히 신에 대해 이야기하고 있는 이 위대한 세상의 만물의 합일 속에서 믿지 않는 자는 오직 영원한 침묵만을 볼 뿐이다.

— 루소

세상에는 많은 지적 능력을 가졌으면서도 이성이 없는 사람들이 많다. 지적 능력은 사람이 세상을 살아가는 데 필요한 세속적인 조건을 이해하고 헤아리는 능력이지만, 이성은 우리의 영혼에 자신의 세계와 신의 관계를 스스로 계시하는 능력이다. 이성과 지적 능력은 정반대이다. 이성은 지적 능력으로 인해 인간이 빠지는 온갖 유혹과 기만에서 인간을 해방시키는 중요한 작용을 한다. 이성은 온갖 유혹을 물리치고 인간의 영혼의 본성인 사랑을 해방하여, 그 나타냄을 가능하게 한다.

— 톨스토이

⚜

세상이 추악하게 여겨지고 사람들이 악하고 불쾌하며 그들의 모든 행위가 어리석고 추악하게 보인다면, 오히려 그들의 그러한 상태를 이용하여 자기 자신을 돌아보도록 하라. 그러면 너는 자신 속에서 곧 잘못을 발견하고, 비로소 자신의 추악함을 인정함으로써 스스로를 이롭게 할 것이다.

— 톨스토이

⚜

신은 사랑이 아니다. 사랑은 인간에게 나타나는 신의 모습 중 일부분일 뿐이다.

— 톨스토이

⚜

남에게 소박하게 보이려고 굳이 애쓰는 사람일수록 사실은 결코 소박하지 않다. 겉으로만 소박한 것은 가장 나쁜 위장술이다.

— 톨스토이

신을 찾지 않는 자에게 신은 결코 존재하지 않는다. 네가 신을 찾기 시작하면 신은 네 안에 있고, 너는 곧 신 안에 있다.

— 톨스토이

✤

신에게 다가가기 위한 모든 정신적인 노력은 우리를 아집으로부터 해방시켜 준다. 우리가 신에게 도움을 구할 때, 우리는 그것을 자기 자신 속에서 발견하는 것을 배운다. 신이 우리를 변화시키는 것이 아니라 곧 우리가 신에게 한 발짝 한 발짝 다가가면서 자신 스스로를 변화시키는 것이다.

— 루소

✤

신을 의식하는 것은 누구나 할 수 있다. 그러나 신을 배워서 깨닫는 것은 그 누구도 불가능하다.

— 톨스토이

✤

실의란 인간이 자신의 삶이나 세상의 어떤 삶 속에서도 그 의미를 찾지 못하는 정신 상태를 가리킨다.

— 톨스토이

✤

아내의 사랑, 아들의 사랑, 그것은 진정한 인간의 사랑이 아니다. 동물도 그것과 같이, 아니 그보다 더 강하게 사랑을 한다. 인간의 사랑, 그것은 하나님의 자손으로서의, 따라서 형제로서 인간에 대한 모든 인간에 대한 진실한 사랑인 것이다.

— 톨스토이

아내를 버리고 다른 여자와 결혼하는 사람은 간음을 행하는 것이며 버림받은 여자와 결혼하는 사람도 간음하는 것이다.

― 누가복음

✤

실의와 분노 속에 빠져 있으면서 그러한 정신상태에 도취하거나, 심지어 세상에는 실의를 자랑하는 사람들이 있다. 그것은 바로 자신을 불태우고 산을 달려 내려가는 말의 고삐를 놓치고도 여전히 채찍질하는 것이나 다름없다.

― 톨스토이

✤

어떤 사람을 몹시 소중히 하고 싶어하는 잘못된 사랑, 말하자면 번뇌의 사랑은 진정한 사랑을 접목해서 열매를 맺게 하기 위한 야생의 나무에 지나지 않는다. 그러나 그 야생의 나무는 사과나무가 아니라, 사과를 맺을 수 없거나 비록 맺더라도 맛있는 사과가 아니라 쓴맛의 사과이듯, 괴로운 사랑은 사람들에게 선을 가져다주지 않거나 더 큰 악을 가져다줄 뿐이다.

― 톨스토이

✤

애욕에서 슬픔이 생기고 애욕에서 곧 두려움이 생긴다. 쾌락에서 해탈한 사람에게는 이미 슬픔도 그리고 두려움도 없다.

― 석가

✤

오른손이 하는 일을 왼손이 모르게 하라.

― 마태복음

아무리 착한 사람이라도 자신의 잘못을 인정하지 않고 항상 자기 자신을 정당화하려고 애쓴다면, 그는 곧 선한 사람에서 악한 사람으로 전락할 것이다.

― 톨스토이

⚜

아버지나 어머니를 나보다 더 사랑하는 사람은 내 사람이 될 자격이 없고 아들이나 딸을 나보다 더 사랑하는 사람도 내 사람이 될 자격이 없다.

― 마태복음

⚜

"어떤 일에서든 그것이 신의 뜻임을 알았을 때, 나는 내 의지를 버리고 신이 원하는 것만 행하리라"고 진심으로 네가 말할 때, 너는 비로소 이 세상에서 완전히 자유로운 존재가 된다.

― 에픽테토스

⚜

악을 선으로 갚는 것은 악을 악으로 갚는 것보다 훨씬 자연스럽고 쉽고 간단하며 가장 합리적이다.

― 톨스토이

⚜

선한 일을 베풀면 자아의식이 사라진다.
집이 완성되면 비계를 없애듯 죽음은 인간의 육체를 없앤다. 그리고 집을 지은 사람은 비계가 제거되는 것을 기뻐한다. 말하자면 육체의 죽음을 기뻐하는 것이다.

― 톨스토이

아집은 곧 영혼의 감옥이다. 감옥이 우리의 육체의 자유를 빼앗듯이 아집은 반드시 우리의 행복을 빼앗는다.

― 말로리

✤

악의 원인을 우리 외부에서 찾는 것은 매우 위험하다. 그렇게 되면 회개는 결코 불가능해진다.

― 로버트슨

✤

어떤 사람이 악을 저지르면 여러 사람들이 그것에 맞서 더 큰 악으로 보복하면서, 그것을 형벌이라는 이름으로 부른다.

― 톨스토이

✤

어떤 현자가 말했다, "나의 가르침은 간단해서 그 의미를 쉽게 이해할 수 있다. 그것은 곧 '너 자신처럼 네 이웃을 사랑하라' 는 것이다."

― 중국 금언

✤

언제 어디서나 필요하고 죽음에 가까워질수록 더욱더 필요한 일, 그것은 바로 영혼을 키우는 일이다.

― 톨스토이

✤

여자는 모두 남자보다는 물질적이다. 남자들은 사랑으로부터 위대한 것을 만들어 내지만 여자는 늘 현실적이다.

― 톨스토이

아이로부터 어른이 되는 것은 단 한 번의 몸부림에 지나지 않는다. 고독하게 되면, 자신을 찾으면, 부모에게서 떨어진다는 것, 이것이 어린이에서 어른으로의 한 발자국인 것이다.

― 헤세

⚜

예수께서는 제자들에게 이렇게 말씀하셨다. "나는 분명히 말한다. 부자는 하늘 나라에 들어가기가 어렵다. 그리고 거듭 말하지만 부자가 하나님 나라에 들어가는 것보다는 낙타가 바늘귀로 빠져나가는 것이 더 쉬울 것이다."

― 마태복음

⚜

예술은 그 목적이 도덕적 완성일 경우에 비로소 그 설 자리를 얻는다. 예술의 주어진 임무는 사랑으로써 가르치는 것이다. 예술이 사람들이 진리를 발견하는 데 도움이 되지 않고, 단지 재미있는 것에 지나지 않는다면, 그것은 결코 고상한 일이 아니다.

― 러스킨

⚜

예술을 진심으로 이해하지 못하고 또 느끼지 못하는 사람들이 오히려 예술에 대해서 이러쿵저러쿵하는 경우가 많다.

― 톨스토이

⚜

예지는 고독 속의 정신적인 활동과, 사람들의 틈에서 자기 자신을 의식함으로써 비로소 얻을 수 있다.

― 톨스토이

예술은 사람들의 마음 속에 있는 진실을 얻기 위한 가장 강력한 수단이다. 그러나 나쁜 일을 얻을 수도 있고, 좋은 일을 얻을 수도 있기 때문에, 예술이라는 수단은 다른 어떠한 수단의 경우보다 온갖 세심한 주의가 필요하다.

― 톨스토이

✣

영원한 게으름은 지옥의 고통으로 생각해야 하는데 사람들은 그 반대로 천국의 기쁨으로 생각하고 있다.

― 몽테뉴

✣

예술과 학문의 가치는 세상의 모든 사람들을 위하여 아낌없이 봉사하는 데 있다.

― 러스킨

✣

욕망을 키우는 것은, 자기 완성으로 향하는 길이 결코 아니다. 반대로 욕망을 억제할수록 인간적 존엄성의 의식이 커져서 더욱 자유롭고 더욱 용감하게 그리고 그 무엇보다 가장 많이 신과 인간에게 봉사할 수 있게 된다.

― 톨스토이

✣

왕에서 거지에 이르기까지, 이 세상의 모든 인간은 자기 완성을 위해 노력하지 않으면 안 된다. 왜냐하면 자기 완성만이 곧 모든 사람에게 행복을 가져다주기 때문이다.

― 공자

온갖 여성들의 문제는 참된 노동의 법칙을 어긴 남자와의 사이에서만 발생했고 계속해서 발생할 수 있다.

- 톨스토이

✤

우리가 직면해 있는 사회체제의 개혁의 골자는, 사랑으로 폭력을 대신하는 것, 폭력과 그 폭력의 공포를 바탕으로 한 것이 아니라 사랑을 바탕으로 한 진정한 삶이 가능하며, 그래서 우리들의 삶이 더욱 즐겁고 더욱 축복받고 있음을 인정하는 데 있다.

- 톨스토이

✤

어느 곳에 두 형제가 살고 있었다. 한 사람은 궁전에서 왕을 섬겼고, 한 사람은 열심히 일하며 살고 있었다. 하루는 잘 사는 형이 동생에게 이렇게 말했다.
"너는 왜 왕을 섬기지 않느냐? 그러면 힘들게 일하지 않아도 될 텐데."
그러자 동생이 말했다.
"어째서 형님은 비굴한 노예의 처지에서 벗어나기 위해 노력하지 않으십니까? 예부터 어진 사람들은 말했습니다. '황금의 띠를 두른 남의 종이 되기보다는 자신의 신성한 노동으로 얻은 빵을 편안한 마음으로 먹는 것이 낫고, 자기가 노예라는 표시로 가슴 위에 두 손을 포개고 있기보다는 그 손으로 시멘트나 진흙을 주무르는 것이 나으며, 노예처럼 항상 허리를 굽실거리기보다는 한 조각의 빵으로 만족하는 것이 낫다'고."

- 사디

예술은 곧 사람들의 마음을 합일시키는 수단 가운데 하나이다.

― 톨스토이

✤

우리가 하나님을 사랑하고 또 하나님의 계명을 지키면 우리가 하나님의 자녀를 사랑하고 있다는 것을 알 수 있습니다. 하나님의 계명을 지키는 것이 곧 하나님을 사랑하는 일입니다. 그리고 하나님의 계명은 결코 무거운 짐이 아닙니다.

― 요한복음

✤

우리가 미루고 있는 일은 나중에 우리를 가로막고 우리의 나아갈 길을 방해한다. 우리는 하루하루, 그날의 일을 처리하고 다음날은 다음날의 일을 위해 남겨두어야 한다. 항상 준비가 되어 있다는 것은 언제라도 죽을 수 있다는 것을 뜻한다.

― 아미엘

✤

욕망이 작을수록 인생은 행복하다. 이 말은 매우 낡았지만 결코 모든 사람이 다 안다고는 말할 수 없는 진리이다.

― 톨스토이

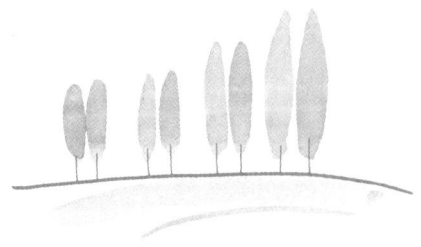

왕의 옷이 아무리 아름다워도 자신의 거친 베옷만 못하다. 부자들의 음식이 맛이 있어도 자기 집의 빵 한 조각이 더 낫다.

– 사디

✤

우리는 남들에게 자기 자신을 위장하는 것이 완전히 습관이 되어 버려서, 가끔 자기 자신에게조차 자신을 위장하기 쉽다.

– 로슈푸코

✤

우리가 살고 있는 이 세계와 우리의 삶 뒤에 왜 이 세계가 존재하며, 그 속에서 우리가 왜 물거품처럼 사라지는지 알고 있는 누군가가 존재한다는 것은 곧 진리이다. 어떻게 그것을 인정하지 않을 수 있는지 참으로 놀라울 따름이다.

– 톨스토이

✤

우리의 욕망은 언제나 안절부절못하며 마치 어머니에게 이것저것을 늘 조르면서 무엇을 얻어도 만족하지 않는 어린아이와 같다. 들어 줄수록 더욱더 귀찮게 한다.

– 성현의 사상

✤

우리는 모두 타인 속에서 자기의 죄악과 단점과 여러 가지 나쁜 습관을 똑똑히 비추는 거울을 가지고 있다. 우리들 대부분은 이 경우 거울 속에 보이는 것이 자기 자신이 아니라 다른 개라고 생각하며 거울을 향해 사납게 짖어 대는 개처럼 행동하고 있다.

– 쇼펜하우어

이 세상의 육체적 고통과 암울한 시기는 이 땅에서의 삶의 재앙이며, 언젠가 그것이 지나가기를 기다리거나 삶 자체가 지나가기를 기다리는 수밖에 없다.

- 톨스토이

✣

우리는 자주 남을 평가한다. 어떤 사람은 착한 사람이라 하고 어떤 사람은 나쁜 사람이라 하며, 또 어떤 사람은 어리석은 사람, 그리고 현명한 사람이라 평가한다. 그러나 이것은 잘못된 것이다. 인간은 계속 강물처럼 쉬지 않고 흘러가고 있다. 내일의 그는 이미 오늘의 그가 아니다. 어리석었던 사람이 현명해지고 나쁜 사람이 착한 사람이 되며, 또 그 반대인 경우도 있다. 그러므로 인간을 결코 그 누구도 심판할 수는 없다. 상대를 심판한 순간 그 사람은 이미 변해 있을 테니까.

- 톨스토이

✣

우리는 신에게 봉사하고 사람들에게 유익한 존재가 되려면 우선 건강해야 한다고 생각하기 쉽다. 그러나 그건 잘못된 생각이다. 오히려 그 반대인 경우가 많다. 그리스도가 신과 사람들에게 최대의 봉사를 한 것은, 십자가 위에서 숨을 거두기 직전 자기를 죽이려 한 사람들을 모두 용서한 그 순간이었다. 이와 마찬가지로 병을 앓고 있는 사람도 그것이 가능하다. 신과 사람들에게 봉사하는데 건강한 상태와 병에 걸린 상태 중 어느 쪽이 더 나은지는 결코 비교할 필요가 없다.

- 톨스토이

우리에게 즐거움을 주는 사람을 사랑하는 것은 인간의 애정으로 가능하다. 그러나 적을 사랑하는 것은 오직 하느님의 사랑에 의해서만 가능하다. 인간의 사랑으로는 사랑이 증오로 변하는 경우가 종종 있다. 그러나 하느님의 사랑은 결코 변하는 일이 없다. 이 세상 그 어떤 것도 결코 그 사랑을 막을 수는 없다. 하느님의 사랑이야말로 영혼의 본성이기 때문이다.

― 톨스토이

✤

인仁은 결코 우리 곁에서 멀리 있지 않다. 내가 인을 원하는 곳 바로 그곳에 인이 있다.

― 톨스토이

✤

우리의 도덕적 감정과 지적 능력은 서로 굳게 얽혀 있으므로 어느 한 쪽에 손을 대면 반드시 다른 한 쪽도 건드리지 않을 수 없다. 세상의 위대한 지성도 도덕적 감정이 따르지 않으면 곧 커다란 불행의 원인이 된다.

― 러스킨

✤

우리는 이 세상의 어떠한 곳에 있든, 인간으로서의 주어진 사명에도, 무한한 존재자에게도 똑같이 가까운 곳에 있다.

― 아미엘

✤

우리가 세상에서 쓰는 돈의 대부분은 남을 흉내 내는 데 쓰인다.

― 에머슨

우리 마음 속의 태양에도 반드시 흑점이 있다. 그것은 곧 우리의 자아가 드리우는 그림자이다.

― 칼라일

✤

우리의 행복과 불행은 우리에 대한 다른 사람들의 태도가 아니라 오직 우리 자신의 태도에 달려 있다. 그래서 자기 자신과 자신의 영혼을 발전시키기 위해 끊임없이 노력해야 한다. 그럼으로써 우리는 자신과 남을 위해서도 최선을 다하게 된다.

― 말로리

✤

운명은 어딘가, 다른 데서 찾아오는 것이 아니라, 자기 마음 속에서 자라는 것이다.

― 헤세

✤

원수를 사랑하고 너희를 억누르는 사람들을 위하여 기도하여라. 그래야만 너희는 하늘에 계신 아버지의 아들이 될 것이다. 아버지께서는 악한 사람에게나 선한 사람에게나 똑같이 햇빛을 주시고 옳은 사람에게나 옳지 못한 사람에게나 똑같이 비를 내려주신다.

― 마태복음

✤

육체 노동은 지적인 활동을 불가능하게 하는 것이 아니라 오히려 지적인 활동의 질을 향상시킬 뿐만 아니라 그것을 자극하고 촉진하기도 한다.

― 톨스토이

육체 노동은 모든 사람에게 주어진 의무이자 곧 행복이다. 지적인 활동과 상상력의 활동은 모두 특수한 활동으로 그 천직이 주어진 자에게만 의무이고 행복이다. 그것이 그 사람의 천직인지 아닌지는, 거기에 자신의 몸을 바치기 위해 자신의 평화와 안녕을 얼마나 희생하는가에 따라 인정할 수 있다.

— 톨스토이

✦

육체라는 껍데기 속에 살고 있는 영혼이란 도대체 무엇인지 생각하는 일이 육체를 떠나 스스로를 그 일부로 느끼는 것, 즉 신과 융합한 영혼을 생각하는 것보다 훨씬 더 어렵다.

— 키케로

✦

인간에게 있어서 그간 남긴 공적은 오직 그 사람의 노력의 결과이다. 인간은 그 노력 속에서만 진정한 모습을 보여준다.

— 코란

✦

위대한 사상은 곧 마음에서 나온다.

— 보브나르드

✦

인간은 모든 생물, 모든 세상의 존재보다 고귀하다. 왜냐하면 그는 죽으면서 자기가 죽는다는 것을 잘 알고 있기 때문이다. 인간은 자연 앞에 자신의 육체가 얼마나 작은지 잘 알고 있다. 그러나 자연은 아무것도 모른다.

— 파스칼

인간에게 꼭 필요한 내면적 문제를 자신에게 제기한다면 외면적 문제도 반드시 최선의 해결책을 찾을 수 있다.

― 톨스토이

❦

이 세상의 번뇌가 없는 호화 생활이 매력적인 것은 틀림없지만, 이것은 곧 어리석고 부자연스럽다. 왜냐하면 쾌락만 있는 곳에는 결코 진정한 쾌락은 있을 수 없기 때문이다. 그러나 일하는 틈틈이 찾아오는 짧은 휴식만이 진정으로 즐겁고 또 유익하다.

― 칸트

❦

인간 가운데 가장 완성된 사랑은 모든 이웃을 사랑하여 선인이든 악인이든 가리지 않고 그들에게 선을 베푸는 사람이다.

― 마호메트

❦

인간은 행복하고 만족하다는 것을 첫번째 명제로 삼아야 한다. 불만을 느낄 때는 나쁜 짓을 저질렀을 때처럼 바로 부끄러워해야 하고, 내 주위나 내 마음 속에 무엇인가 불쾌한 일이 있으면, 그것을 다른 사람들에게 절대로 얘기하거나 불평하지 말고, 자신 스스로 빨리 그것을 바로잡도록 노력해야 한다.

― 톨스토이

❦

인간은 자신의 삶을 육체적 존재에서 영적 존재로 옮기는 정도에 따라 곧 자유를 누릴 수 있다.

― 톨스토이

인간이 만약 죽은 뒤에도 자신의 생명이 불멸이라는 것을 믿는다면, 모든 병은 오직 하나의 생활에서 다른 생활로 옮겨가는 과정, 그것은 바람직한 생활로 옮겨가는 과정으로 이해할 수 있을 것이다. 그러면 그는 반드시 좋은 결과를 가져올 것이 틀림없는 노동의 고통을 견디는 것처럼 모든 병고를 참고 이겨낼 것이다. 우리는 병상에 있는 동안 우리 몸에서 일어나고 있는 일의 모든 의미를 이해하고, 그리고 앞으로 다가올 새로운 상황에 만전의 준비를 해야 할 것이다.

— 톨스토이

⚜

인간은 반드시 행복하지 않으면 안 된다. 만일 불행하다면 그것은 그 사람의 잘못에서 비롯된 것이다.

— 톨스토이

⚜

인간은 비록 병에 걸렸을 때도 건강할 때와 마찬가지로 자신이 맡은 사명을 다할 수 있다.

— 톨스토이

⚜

인간은 최상의 행복은 한 해를 마칠 때 처음보다 자신이 더욱 나아졌음을 느끼는 것이다.

— 소로

⚜

인간애에는 정의가 포함되어 있다.

— 보브나르드

인간은 오직 이성에 의해 다른 동물과 구별된다. 그런데 어떤 사람들은 그것을 단련하고 발달시키지만 세상의 많은 사람들은 그것을 무시하고 있다.

- 동양 금언

✤

인간은 현재 자신이 어떤 처지에 놓여 있는지 가능한 한 빨리 자기 완성을 목표로 곧장 나아가야 한다.

- 톨스토이

✤

인간이 만드는 모든 형식, 즉 문화, 문명, 질서라는 것은 무엇을 용서하고 무엇을 금해야 된다는 것에 대하여 결정한 것에 그 근거를 둔 것이다. 동물과 먼 미래의 인간과의 중간에 위치한 우리들은 공동사회의 당연한 성분으로서의 사회성을 간직하기 위해서는 한없이 많은 억압과 은혜와 인내심을 가져야만 한다. 인간은 동물성이 넘치고 있고, 원시성이 넘치는 야수적인 잔인한 이기심 때문에 거대한, 막을 수도 없는 충동에 가득 차 있는 것이다. 이 모든 충동은 항상 존재하고 있는데 문화 · 협정 · 문명이 그것을 은폐하고 있어서 인간은 그것을 외부로 나타내지 않을 따름이다.

- 헤세

✤

자기 자신에게 봉사하기 위해서라면 건강하고 강해야 하지만, 신에게 봉사하기 위해서라면 그것은 매우 불필요할 뿐만 아니라 종종 그 반대일 경우가 있다.

- 톨스토이

"이 땅에는 많은 풀들이 자라고 있다. 우리는 그것을 볼 수 있지만 달에서는 보이지 않는다. 그 풀 속에는 아주 작은 생물들이 살고 있다. 그러나 그것 외에는 아무것도 없다." 이 무슨 주제넘은 말인가! "세상의 복잡한 물체는 반드시 여러 가지 원소로 구성되어 있고, 그 원소는 더 이상 분해되지 않는다." 이 무슨 주제 넘은 말인가!

— 파스칼

⚜

인간의 생활은 내가 알고 있는 것보다 훨씬 나은 것을 그 안에 가지고 있음에 틀림없다는 것을 압니다. 그렇지 않고서는 거기에 대해서 이야기하는 것도 그것을 사는 것도 아무런 가치가 없다는 것입니다.

— 헤세

⚜

자신의 잘못을 깨닫는 것처럼 마음을 부드럽게 해주는 일은 없다. 언제나 자기가 옳다고 생각하는 것처럼 마음을 완고하게 만드는 일도 없다.

— 탈무드

⚜

인간이 하는 일, 그 일이 비록 선이든 악이든 우리의 운명을 결정한다. 거기에 우리들의 인생의 법칙이 들어 있다. 그러므로 인간에게 제일 중요한 것은 '내가 현재 무엇을 하고 있느냐' 하는 것이다.

— 푸라나

인류의 영원한 존속을 위한 남녀의 결합은 각 개인에게도 전 인류에 있어서도 매우 중요한 일이다. 이것을 생각나는 대로 함부로 행하거나 기분에 좇아 행해서는 결코 안 되며, 우리들보다 먼저 이 세상에 살았던 현자와 성인들이 깊이 생각하고 결정한 대로 반드시 따라야 한다.

- 톨스토이

✤

인생에서 지식이 가장 중요하다고 생각하는 사람은 마치 등불에 갑자기 날아들어 자기 몸을 불태우는 나방과 같다.

- 톨스토이

✤

자신의 단점을 지적해 주는 사람들에게 감사하라. 우리의 단점은 너무 많아서 남에게 지적받는다고 금세 고칠 수는 없지만, 그 단점을 확실히 알면 그것이 우리의 마음에 자극제가 되어 양심이 나태한 깊은 잠에 빠져 있는 것을 허락하지 않으므로 자세를 바로잡고 그 단점들에서 벗어나려고 노력하게 된다.

- 파스칼

자기 완성에는 항상 뉘우침이 먼저이어야 한다. 자신은 뉘우칠 필요가 없다고 생각하는 사람은 반드시 화를 입게 될 것이다.

— 톨스토이

✦

인생에 있어 선한 삶의 길은 좁다. 그러나 그 길을 식별하는 것은 쉽다. 그리고 우리는 그것을 쉽게 알아볼 수 있다. 그리고 발을 헛딛는 날에는 암흑과 악의 수렁 속에 곧장 빠지고 만다. 지혜로운 사람은 수렁에 빠져도 다시 땅 위로 올라오지만 어리석은 사람은 수렁 속으로 더욱더 깊이 빠져들어가 거기서 헤어나기가 어려워진다.

— 톨스토이

✦

자신의 영혼을 흐리게 하는 모든 것들을 기꺼이 없애라. 그러면 오직 사랑만이 남을 것이다. 그러나 그 사랑은 대상을 찾으면서 너 자신만으로 만족하지 않고, 그리고 세상에 살아 있는 모든 것에 생명을 주는 것, 즉 신을 대상으로 선택할 것이다.

— 톨스토이

✦

지금까지 역사상 도덕 교육이 좋은 결과를 가져다주지 못한 이유는 순수한 의무의 관념에서 나온 동기는 쓸데없고 귀찮은 것이며, 더 개인적인 동기, 자신의 법칙의 수행에 따른 대가로서 이 세상, 그리고 저 세상에서 받게 될 이익에 대한 계산에서 나오는 동기가 더 강력하다는 잘못된 사고방식 때문이다.

— 칸트

자신에게 무엇인가 버려야 할 결점이 있는지 스스로 빨리 자신을 돌아보도록 하라.

— 톨스토이

✤

인생의 최대의 목적은 곧 신의 법칙을 지키는 것이며 결코 지식을 얻는 것이 아니다.

— 톨스토이

✤

자신의 약점을 인정하지 않는 것은 더 큰 잘못을 키우는 것이다.

— 톨스토이

✤

자신의 적을 사랑하라, 그러면 반드시 너희에게서 적이 사라지게 될 것이다.

— 성경

✤

잘못을 뉘우친다는 것은 자신의 잘못과 자신의 단점을 모두 인정한다는 것을 의미한다. 뉘우침은 자기 내부의 모든 악을 꾸짖고, 영혼을 깨끗이 하는 일이며, 곧 영혼이 선을 받아들이기 위한 준비이다.

— 톨스토이

✤

자신의 지난날의 악행을 선행으로 덮는 자는, 마치 구름 사이로 숨는 달처럼 어둠의 세계를 비추어 낸다.

— 석가

자신의 단점을 알고 고치려고 노력한다면, 남을 비난한다든가 하는 생각은 전혀 머리에 떠오르지 않을 것이고 그리고 그러한 시간도 없을 것이다.

— 톨스토이

⚜

자연은 오직 사랑을 위하여 우리들을 이 세상에 낳은 것이다.

— 체호프

⚜

젊은 사람들의 사랑과 오랜 결혼생활을 한 사랑과는 모두 같은 것이 아니다.

— 헤세

⚜

종교적 가르침에 신비적인 요소가 적을수록 그것은 곧 높은 가르침이며, 진실이다.

— 톨스토이

⚜

좋아졌다, 싫어졌다, 오직 그뿐인 것을 두고 인간을 나무라는 것은 어리석다.

— 체호프

⚜

사람들은 죄를 짓지 않고서는 노동의 의무를 결코 피할 수 없다. 즉 폭력을 휘두르고 폭력에 참여하거나, 폭력에 아부하고 폭력에 추종하지 않고서는 결코 불가능한 일이다.

— 톨스토이

자연은 조금밖에 요구하지만 인간은 더 많은 것을 요구한다.

— 톨스토이

✣

주위의 모든 것과 자신의 상황에 불만을 느낄 때는 자신의 사명에 대해 깊이 생각하면서, 자신을 이런 상태로 만든 여러 가지 일들이 지나가기를 조용히 기다려라. 그러면 자신의 인생에서 해야 할 일에 뛰어들 수 있는 힘이 솟아날 것이다.

— 톨스토이

✣

지금 당장 할 수 있는 일은 절대로 뒤로 미루지 말라. 왜냐하면 죽음은 불쑥 찾아온다. 죽음은 어느 누구도, 또 그 어떤 것도 결코 기다려 주지 않는다. 죽음에는 적도 없고 아군도 없다.

— 인도 푸라나

✣

진리를 말하는 것도, 능숙하게 풀을 베고 글씨를 아름답게 쓰는 일도 이와 똑같다. 그것은 풀을 많이 베고 글씨를 많이 써본 사람에게만 가능하다. 아무리 노력해도, 자신이 체험하지 않은 일은 잘 되지 않는다. 그러므로 진실을 말하고 싶으면 그 일에 익숙해지지 않으면 안 된다. 그리고 그 일에 익숙해지려면 아무리 작은 일에도 오직 진실만을 말하도록 해야 한다.

— 톨스토이

✣

진실로 좋은 것은 언제나 값싸고, 해로운 것은 언제나 비싸다.

— 소로

진리가 인간에게 절대로 악의를 불어넣고 교만한 마음을 불어넣을 리가 없다. 진리는 언제나 온화하고, 겸손하며 그리고 순수하다.

— 톨스토이

⚜

진리를 위해서라면 세상의 아무것도 결코 두려워하지 않으며, 언제라도 자신의 목숨을 기꺼이 내던질 각오가 되어 있는 사람은, 모든 사람들이 두려워하는 사람, 많은 사람들의 생명을 자기의 권력에 넣고 있는 사람보다 훨씬 강한 사람이다.

— 톨스토이

⚜

진정으로 선한 것은 항상 소박하다. 소박하다는 것은 참으로 매력적이고도 유익한데도, 세상에 소박한 사람이 이렇게 적다는 것은 매우 놀라운 일이다.

— 톨스토이

⚜

진리를 사랑하는 현자들은 결코 진리를 자신의 소유물로 생각하지 않는다. 그들은 언제 어디서 진리와 만나더라도 감사하게 받아들이며, 그것에 누군가의 이름이 적힌 딱지를 결코 붙이려 하지 않는다. 그 이유는 그러한 진리는 오랜 옛날부터 이미 그들의 내부에 있었기 때문이다.

— 에머슨

⚜

인간의 진정한 사랑은 곧 삶 그것이다.

— 톨스토이

태양이 어두운 방을 비추듯 하늘은 모든 사람의 마음 속을 꿰뚫어 본다. 우리는 마치 잘 조율된 두 악기가 아름다운 화음을 내듯 하늘의 빛을 세상에 비추는 데 노력해야 한다.

― 중국 문헌

❖

책에서 읽은 남의 사상은 이를테면 남의 밥상 위의 먹다 남은 찌꺼기이며 마치 이방인에게서 빌린 옷과 같다.

― 쇼펜하우어

❖

진리를 전달하는 유일한 방법은 오직 사랑으로 얘기하는 것이다. 사랑하는 사람의 말은 사람들의 귀에 잘 들리게 마련이다.

― 소로

❖

진실한 사랑은 동물적 그리고 개인적 사랑을 버렸을 때에 비로소 가능한 것이다.

― 톨스토이

❖

세상을 다스리는 것보다, 하늘에 오르는 것보다, 또 온 세상의 왕좌보다, 성자의 길에 들어서는 것이 으뜸이다.

― 석가

❖

지식을 얻고도 그 지식을 활용하지 않는 사람은 마치 밭을 갈아놓고 씨앗을 뿌리지 않는 사람과 같다.

― 톨스토이

신의 창조력은 모든 것에 잠재하고 있다. 그러나 세상에서 그것이 가장 많이 나타나는 것은 인간을 통해서이다. 그 힘이 작용하려면 인간이 먼저 그것을 인식해야 한다. 자신이 최선의 것을 창조할 수 있다는 것을 인식하지 못하면, 인간은 마침내 반드시 최악의 것을 창조하게 될 것이다.

― 서양 문헌

✤

진정한 삶이란 더 나은 사람이 되기 위해 정신력으로 육체를 극복하고 신에게 가까이 다가가는 일이다. 그러나 그러한 일은 결코 저절로 이루어지지 않는다. 그러기 위해서는 끊임없는 노력이 필요하고, 그 노력은 마침내 우리에게 큰 기쁨을 가져다 준다.

― 톨스토이

✤

참으로 현명한 사람은 자신의 필요 없는 것은 모두 버리고, 결국 자신에게 꼭 필요한 것으로 돌아간다.

― 에머슨

✤

그들의 연구에서 가장 중대한 성과는 아마 우리가 도저히 알 수 없는 무한한 것의 존재를 우리에게 알려준 것이다. 이것이 없었더라면, 인간의 이성이 그 광대 무변한 미지의 세계를 상상하는 일은 결코 없었을 것이다. 그리고 그 세계를 깊이 사색함으로써 비로소, 우리의 이성이 추구하는 궁극적인 목적에 커다란 변화를 가져다줄 수 있다.

― 칸트

해골산에 이르러 사람들은 거기에서 예수를 십자기에 못박았고 죄수 두 사람도 십자가형에 처하여 예수 좌우편에 한 사람씩 세워 놓았다. 이에 예수께서는 "아버지, 저 사람들을 용서하여 주십시오! 그들은 자기가 하는 일을 모르고 있습니다" 하고 기원하셨다.

- 누가복음

✢

천문학자들의 관측과 계산은 많은 것을 우리에게 가르쳐 주었다. 하늘과 땅의 모든 것을 알려고 하는 생각은 버리는 것이 좋다. 하늘의 뜻이나 존재의 모든 법칙이나, 결국 우리가 알 수 있는 것은 아주 조금밖에 없다. 하지만 그 적은 것으로도 우리는 충분하다. 그 이상 알려고 애쓰는 것은 결코 좋은 일이 아니다. 우리가 겸허하게 살아가는 데 실제로 필요한 것, 또는 자기 자신과 자신의 사상과 언어, 행동에 필요한 범위를 벗어나 더 많은 것을 알려고 애쓰는 것은, 오히려 미망을 불러오기만 할 뿐, 아는 것이 많을수록 슬픔도 커진다는 것을 깨달아야 한다.

- 러스킨

투쟁에 있어서의 진실로 용감한 사람은 신이 자신의 동맹자라는 것을 알고 있는 자이다.
어떤 일에 판단이 서지 않는 문제가 발생했을 때는 만일 자신이 그날 저녁에 죽는다면, 또 자신이 무엇을 할 것인지 아는 사람이 아무도 없다면, 앞으로 어떻게 행동할 것인지 스스로에게 물어 보면 곧 해답이 나올 것이다.

— 톨스토이

✣

학자는 세상의 무언가를 많이 공부했다는 것을 뜻할 뿐 그 사람이 무언가를 끝까지 밝혀냈다는 것을 뜻하는 것은 아니다.

— 리히텐베르크

✣

현재 네가 놓여 있는 처지에서 너에게 요구되는 것을, 가능한 한 열심히, 성심성의껏 노력하면, 너는 최선을 다해 살고 있는 것이며, 따라서 특별히 위대한 일을 찾을 필요가 없다.

— 톨스토이

✣

세상에서 어떤 사람이 가장 지혜로운 사람인가?
곧 모든사람한테서 무엇인가를 배우는 사람이다.
어떤 사람이 세상에서 강한 사람인가?
곧 자기 자신을이기는 사람이다.
어떤 사람이 세상에서 부유한 사람인가?
곧 자신의 운명에 만족하는 사람이다.

— 탈무드

페르시아의 어떤 현자가 말했다.

"젊었을 때 나는 나 자신에게 이렇게 말한 적이 있었다. 세상의 모든 학문을 다 배우고 싶다고. 그래서 마침내 모르는 것이 거의 없게 배웠지만, 이제 늙어 버린 지금, 내가 지금까지 안 것을 되돌아보니, 나는 알고 있는 것이 아무것도 없었다."

― 톨스토이

❖

현자에게는 다음과 같은 세 가지 특징이 있다. 첫째, 남에게 시키지 않고 스스로 실천한다. 둘째, 세상의 정의에 어긋나는 행동은 절대로 하지 않는다. 셋째, 주위 사람들의 온갖 단점을 참을성 있게 잘 견뎌낸다.

― 톨스토이

❖

한 순간을 위해서 자신을 내던질 수 있다는 것, 많은 여자들이 제 나름대로 보내는 미소 때문에 오랜 세월을 희생할 수 있는 것, 그것은 곧 행복이다.

― 헤세

❖

자신에게 힘이 있을 때 죄를 뉘우치는 것이 현명하다.
뉘우친다는 것은 곧 자신의 영혼을 깨끗이 하고 선한 생활을 준비함을 의미한다. 그러므로 인간으로서 생명력이 남아 있을 때 뉘우치는 것이 가장 좋다. 마치 등잔불이 꺼지기 전에 기름을 부어야 하듯이.

― 탈무드

행복의 조건은 바로 노동에 있다. 그 첫째는 자기가 좋아하는 자유로운 노동이며, 두 번째는 식욕을 돋우고 숙면하게 해주는 육체노동이다.

— 톨스토이

✥

행복하기 위해서는 서로 사랑해야 한다. 내 몸을 희생해서 모든 사물을 사랑하고, 주위에 사랑의 거미줄을 넓게 쳐서 가기에 걸려드는 자를 모두 사로잡는 것이다.

— 톨스토이

✥

우리들의 몸은 하루 종일 피곤하다. 아침에도, 낮에도, 밤에도 피곤하다. 하지만 마음이 피곤하지 않으면 결코 몸도 지치지 않는다. 사람은 마음만 즐거우면 거뜬히 밤도 샐 수 있다. 그래도 몸이 지쳤다는 생각이 들지 않는다. 이제 몸이 아닌 마음이 당신의 삶의 주도권을 잡도록 만들어라.

— 패턴

✥

잠옷에 달린 작은 단추가 혹시 나의 머리보다도 크고 무거운 것은 아닐까 하는 불안한 걱정…….
머릿속에서 어떤 숫자가 떠올라 점점 커지기 시작하더니 마침내 내 머릿속에 들어앉을 자리가 없게 될 것 같은 초조와 불안, 그리고 근심 걱정들…….
하지만 이것들은 그야말로 한낱 기우에 지나지 않았다.

— 릴케

고뇌하는 사람을 도울 수 있는 가장 좋은 방법은 그의 고뇌를 덜어 주는 것이 아니라 그가 그 고뇌를 견딜 수 있는 에너지를 최대한 불러일으켜 주는 일이다.

― 힐티

✤

친한 사람과 한 집에서 살 때, 한 사람이 남을 헐뜯으면 곧장 서로 말리자는 약속을 해두는 것이 좋다.

― 톨스토이

주머니 속의 큰 행복

물고기가 물 속에서 입을 열지 않고
물이 없어 죽을 처지에 놓여 있다면
그 물고기는 참으로 불행하다.
물고기가 입을 열면
물은 바로 물고기 입 속에 있다.

― 가벨

✠

사랑은…….
두 개의 영혼과 하나의 생각.
두 개의 심장과 하나의 심장의 박동 소리.

― 힐름

✠

기회는 우리들의 내부로부터 찾아온다. 기회는 또 전혀 기회처럼 보이지 않으며, 그것은 빈번히 불행이나 실패의 거부의 모습으로 변장해서 우리들에게 나타난다. 세상의 비관론자들은 모든 기회에 숨어 있는 '문제'를 보지만 낙관론자들은 모든 문제에 감추어져 있는 그 '기회'를 본다.

― 웨이틀리

슬프고 분한 일은 과거로 묻어 버리고 오직 오늘로서 생활해야 한다. 한 토막의 과거로 날마다 새로운 날들을 더럽혀서는 안 된다. 백 명의 왕의 권력을 모아도 지나간 과거를 다시 불러올 수는 없는 일이다. 어찌 그 지나간 일로 괴로워하고 슬퍼하는가.

– 프랭클린

✣

우리들의 인생에 진실한 친구는 가장 커다란 축복이다. 하지만 세상의 대부분의 사람들은 그 축복을 위하여 너무 적은 노력을 기울이는 실수를 범하고 있다.

– 로슈푸코

✣

원수는 알고 보면 맞은편에 있는 것이 아니라, 내 마음 속에 있을 때가 더 많다.

– 뒤마

✣

어느 날 맥주잔이 술병에게 말했다.
"나는 비록 수학자는 아니지. 하지만 이 정도의 계산은 할 수가 있어. 사람의 신경에 불행을 더할 수도 그리고 그의 호주머니에서 돈을 빼낼 수도 있지. 그리고 그의 아픔에 통증을 더하게 만들지. 그가 가진 재산을 모두 술값으로 쓰게 만들지. 그래서 마침내 그에게는 찌꺼기만 남게 되는 것이야. 그뿐만 아니라 나는 그가 사업에서 이익을 얻고, 또 건강해지고, 성공할 수 있는 좋은 기회들을 모두 깎아 버리지."

– 작자 미상

당신이 내일 만나게 될 사람들의 4분의 3은 '나와 같은 생각을 가진 사람이 없을까?' 하고 온 힘을 기울여 두리번거리며 찾고 있다. 이 소망을 채워 주는 것이 남에게 호감을 사는 비결이다.

― 카네기

⚜

어떤 사람이 당신에게 무례한 편지를 보내왔다면, 당장에 그 편지보다 열 배는 더 무례하고 기분 나쁜 편지를 쓰십시오.
이제 속이 후련하십니까? 그렇다면 그 편지를 곧장 쓰레기통에 던져 버리십시오.

― 하버드

⚜

그는 달의 밑에서 깊은 잠을 자고
그는 해의 밑에서 깊은 잠을 자고
그는 그 무엇인가 '할 예정' 인 삶을 살고는
아무것도 이 세상에 해놓은 것이 없이 세상을 떠났다네.

― 알버리

⚜

신념이 있으면 언제나 젊고, 의심이 많으면 늙습니다. 자신을 가지고 있으면 젊고, 두려움을 가지고 있으면 늙습니다. 희망을 품으면 젊고, 절망을 품으면 곧 늙습니다. 사람의 마음에 용기와 자신감의 말이 가득 차 있으면 우리는 항상 젊음을 유지할 수 있습니다. 하지만 당신의 가슴에 절망과 회의의 목소리가 뒤덮일 때, 오직 그때서야 비로소 당신은 늙게 되는 것입니다.

― 맥아더

사람이 세상을 살면서 좌절하는 것은 결코 불명예가 아니다 그가 넘어졌을 때 그대로 누워서 원망하며 불평만 해대는 것이 바로 불명예이다.

− 빌링스

✢

누구든지 큰 시련을 겪기 전에는 참다운 인간이 못 된다. 이 시련이야말로 자신이 무엇인가를 깨닫게 하고 스스로를 규정하는 까닭에, 대체로 그 운명이나 지위가 결정된다. 그러므로 이런 큰 시련을 겪기 전에는 어린아이에 지나지 않는다.

− 레오파르디

✢

고난은 우리의 영혼을 더욱 단단하게 만들 수 있습니다. 마치 거센 바람에도 흔들리지 않는 뿌리 깊은 나무처럼……..

− 그레이스

✢

인간은 미소와 눈물 사이를 오고가는 시계추와 같은 존재이다.

− 작자 미상

세일즈맨은 하루에 한두 곳에 더 전화하고, 더 방문하라.
의무적인 근무 시간보다 좀더 오래 일하고
아침에 한 시간 정도 먼저 출근하라.
자신이 할 일이 아니더라도 사무실, 집 혹은 아파트에서
무엇인가 쓸모있는 일을 하라.
당신이 특별하다고 생각하는 사람에게 선물하라.
조그만 선물을 함으로써 그들로 하여금
일생 처음 특별한 사람이라고 생각하게 만들어라.
남을 반드시 도와주어라.
매일매일 누군가를 칭찬해 주어라.
다른 사람의 짐을 벗겨 주어라.
책과 함께 있는 시간을 많이 가져라. 무엇인가 배울 것이다.
어떤 일을 위해서 보상을 바라지 말고 열심히 일하라.

― 작자 미상

❖

나는 인생을 편하게 보낼 수 있고 하루를 좀더 행복하게 만들 수 있는 간단한 치료법을 하나 찾아냈다. 그것은 곧 '용서' 이다

― 페티

❖

우정이라는 것은 가장 위대한 사랑, 가장 위대한 효율성, 가장 허물없는 교류, 가장 숭고한 수난, 가장 가혹한 진실, 가장 따뜻한 충고, 그리고 가장 위대한 마음의 화합을 뜻하며, 그것은 오직 진실하고 용감한 사람들만이 할 수 있는 것이다.

― 테일러

자동차의 성능이 평지에서보다는 언덕길에서 확실하게 나타나는 것처럼 사람 또한 마찬가지입니다. 어떤 어려움과 어떤 변화가 있을 때 사람은 그 특징이 곧 나타나게 되는 것이지요.

– 메닝거

✤

가끔 당신이 낙담하게 될 때면 이 사람을 생각해 보십시오.
초등학교를 중퇴했다.
시골에서 구멍가게를 열었으나 마침내 망하고 말았다.
빚을 갚는 데 무려 15년의 세월이 걸렸다.
결혼했지만 불행한 결혼이었다.
하원에 입후보했지만 2번이나 고배를 맛보아야 했다.
역사에 길이 남을 연설을 했다. 하지만 청중들은 무관심했다.
신문은 계속 그를 비난했고 국민의 반 이상은 그를 멀리했다.
그럼에도 불구하고 상상해 보시기를.
세계의 많은 사람들이 그저 에이브러햄 링컨이라고만
간단히 자기를 밝히는, 이 재주 없고 서투르며
무뚝뚝한 사람에게 얼마나 깊이 감동했을까를…….

– 작자 미상

✤

누군가를 성실한 사람으로 만들 수 있는 가장 좋은 방법은 우선 우리가 그 사람을 믿는 것이다. 또 누군가를 성실하지 못한 사람으로 만드는 가장 좋은 방법은 우리가 곧 그 사람을 불신하는 것이다.

– 스팀슨

신은 곳곳에 있을 수가 없기 때문에 어머니를 만들었다.

— 유대 속담

⚜

왜 우리는 다른 것들을 부러워하면서 우리가 가지고 있는 것에 대해서는 소홀히 하는 것입니까? 눈을 바로 뜨고 자신의 마음을 비워 보십시오. 그리고 곧 당신을 사랑하십시오.

— 솔제니친

⚜

세상은 변명이 아닌 노력에 대해 반드시 보상받는다.

— 매튜스

⚜

당신은 마음 속에서 결정한 말을 종이에 써놓고 매일매일 소리 내어 읽어라. 그러면 이 말은 어느 사이엔가 당신의 잠재의식 안에서 성장하여 머지않아 폭발적인 힘을 발휘하게 될 것이다.

— 힐

⚜

운명보다 강한 것이 있다면 그것은 주어진 운명에 굴복하지 않고 곧 그것을 짊어지는 용기이다.

— 가이벨

⚜

세상을 살면서 좋은 말을 하고 좋은 글을 쓰는 것은 누구든지 할 수 있다. 그러나 좋은 말, 좋은 글을 실천하는 것은 결코 누구나 할 수 있는 일이 아니다.

— 모이어스

사람이 사람을 사랑한다는 것, 이것은 어쩌면 우리에게 주어진 최고의 시련, 궁극의 목적, 최후의 시험으로서, 그 밖의 모든 일은 오직 그것을 위한 준비에 불과한 작업일 뿐이다.

— 릴케

✣

성공한 사람은 자신이 할 수 있는 일을 한 사람입니다. 그런데 평범한 사람들은 할 수 있는 일은 하지 않고 할 수 없는 일만 바라고 있습니다.

— 롤랑

✣

향상된 독서는 향상된 효과를 반드시 가져올 것이며, 당신의 사업에 큰 재산 목록이 될 것이다.

— 심프슨

✣

사람들은 인생이라는 항구에 도달하기 위해서 저마다 자기 배를 출발시킨다. 배에는 사랑도 싣고 희망도 싣고 또 양심과 정의도, 의리와 우정도 실었다. 그러나 배는 너무나 많은 것을 실었기 때문에 잘 나아가지 못한다. 그래서 순조롭게 항해하기 위해서 사람들은 배에 실은 물건들을 하나 둘씩 버리기 시작했다. 양심을 버리고 희망을 포기하고 사랑도 정의도 버리며 짐을 줄여 나갔다. 홀가분해진 배는 그런대로 달리기 시작했다. 그렇게 마침내 인생의 끝인 항구에 도착하면, 결국 배에는 남아 있는 게 하나도 없이 텅 비어 있었다.

— 슈바이처

어느 현명한 할머니가 이런 말씀을 하셨다. "신문에 나지 말았으면 하는 말과 행동은 그것이 아무리 작은 것일지라도 하지 말아라." 당신의 행동이 TV 대담 프로의 특종 인터뷰가 되든 되지 않든, 신문의 톱 기사가 되든 되지 않든, 아니면 베스트셀러의 소재가 되든 되지 않든, 그대의 행동은 여전히 그대 인생의 특종 기사인 것이다. 그리고 어떠한 행동을 하기 전에는 반드시 생각하기를……, 그대의 삶이 종이에 인쇄되기 전에 편집을 잘 하는 사람이 되기를…….

― 마고

✤

사람들이 나에게 언제부터 역사학자가 되었느냐고 묻습니다. 그럴 때마다 나는 4살 때부터라 대답합니다. 내가 4살 때부터 어머니는 침대 곁에서 역사 속의 여러 가지 이야기를 들려주셨지요. 그때부터 나는 예비 역사학자가 되어 있었던 것입니다.

― 토인비

✤

만일 내가 신이었다면 나는 청춘을 인생의 끝에 두었을 것이다.

― 프랑스 속담

✤

신념은 인간에게 가장 중요한 것이다. 그러나 아무리 굳은 신념이 있더라도 가슴 속에 침묵을 품고 있으면 아무 소용이 없다. 어떤 비싼 대가를 치르고서라도, 반드시 자신의 신념을 발표하고 실행하는 용기가 필요한 것이다.

― 토스카니니

사람은 세상을 살아가면서 힘들 때 우리는 상황이 변화할 것을 기대한다. 하지만 가장 중요하고 효과적인 변화, 즉 자기 자신의 태도를 바꾸어야 한다는 일에는 거의 생각이 미치지 못한다.

― 슈타인

✤

어느 날 아인슈타인에게 제자들이 물었다. "선생님은 자신이 이룩한 학문적 업적을 어떻게 평가하시나요?" 그러자 아인슈타인은 물이 담긴 컵에 손가락을 살짝 담갔다가 꺼냈다. 손가락 끝에서 물 한 방울이 굴러 내려 바닥으로 떨어졌다. "내 학문은 바로 이 물 한 방울에 지나지 않는다." 제자들이 다시 물었다. "선생님은 어떻게 해서 그토록 위대한 학문적 성과를 이루셨나요?" 그러자 아인슈타인은 칠판에 S=X+Y+Z라 커다랗게 썼다. 그리고 제자들을 둘러보고는 이렇게 말했다. "S는 성공이다. X는 말을 너무 많이 하지 않는 것, Y는 생활을 즐겁게 하라는 것, Z는 한가한 시간을 가지라는 것이다."

― 작자 미상

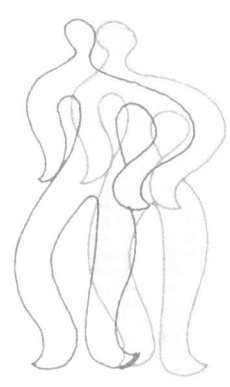

인생을 현재의 모습으로만 판단하면 그는 더욱 나빠질 것이다. 하지만 그의 미래의 가능한 모습으로 바라본다면 그는 반드시 그런 사람이 될 것이다.

- 괴테

✣

인생에 있어서 아무것도 두려워할 것은 없다. 다만 이해되어야 할 것이 있는 것이다.

- 퀴리

✣

인생에서 실패한 사람들의 대부분은 하던 일을 포기하는 그 순간 자신이 성공에 얼마나 가까이 다가와 있는지를 미처 깨닫지 못한 사람들이다.

- 에디슨

✣

독수리가 높은 하늘을 자유자재로 날아다니기까지는 강풍과 비바람 속에서 수십 번씩이나 그 약한 날개를 땅에 처박는 연습을 해야 한다. 그것을 견뎌 내지 못한다면, 비록 독수리라 할지라도 땅 위를 기어다니는 일밖에는 하지 못할 것이다.

- 프란시스

✣

세상의 많은 사람들은 자신이 불행하다는 사실을 잘 알고 있습니다. 하지만 더 많은 사람들은 자신이 행복하다는 사실을 모르고 있습니다.

- 슈바이처

우리의 인생 계획을 방해하는 두 가지가 있는데 하나는 어떤 일도 끝내지 않는 것이며, 또 다른 하나는 어떤 일도 시작하지 않는 것이다.

— 부처

✤

후회가 꿈을 대신하는 순간 우리는 곧 늙기 시작한다.

— 카터

✤

절망은 우리들의 앞을 가로막는다. 절망은 우리들의 희망을 좀먹고 절망은 우리들의 강한 의지를 무자비하게 꺾는다. 절망은 우리들의 연약한 힘을 견디기 어렵게 만든다. 이런 까닭에 절망은 인간에게 있어서 죽음보다 더 무서운 것이다.

— 보르나르그

✤

만일 사랑에 빠지게 된다면 당신은 갑자기 어디에서나 아름다움과 흥분을 맛보게 될 것이다. 그러면 당신은 사랑을 표현하는 데 결코 두려워하지 않을 것이다 열정적으로, 부드럽게, 말로, 침묵으로, 그러면 또 당신은 자신이 강하고 관대한 그리고 활기찬 사람이라는 사실을 반드시 느끼게 될 것이다.

— 웨인버그

✤

삶이 투쟁이라 생각한다면 내 인생은 전쟁터, 삶이 소풍이라고 생각한다면 내 인생은 곧 놀이터이다.

— 작자 미상

희망이 간혹 거짓말하는 것을 목격할 것이다. 그렇다고 희망을 허풍쟁이라 매도하지 말라. 왜냐하면, 그것은 사계절 우리를 즐거운 오솔길로 안내하며, 우리 인생이 이 세상에서 끝날 때까지 동행하는 진실한 동반자이기 때문이다.

— 로슈푸코

⚜

자신의 두 손 안에 행복을 꽉 잡고 있을 때는 그 행복이 무척 작아 보이지만, 그것을 풀어 준 후에야 비로소 그 행복이 얼마나 크고 귀중한 것이었던가를 깨달을 수 있다.

— 고리키

⚜

고백하고픈 사랑의 말 한 마디.
결코 잊어버릴 때까지 기다리지 말라.
오늘 곧 속삭여라.
말하지 못한 따뜻한 말 한 마디.
아직까지 부치지 못한 편지.
오랫동안 잊고 있었던 소식.
다하지 못한 사랑.
이것들이 많은 가슴을 찢어지게 하고,
이것들이 사랑하는 사람들을 기다리게 한다.
어서 빨리 그들에게 아낌없이 주어라.
필요로 하는 이들에게
그리고 너무 늦어 버리기 전에……

— 작자 미상

자기 스스로를 사랑하는 사람은 이미 세상의 행복의 반을 얻은 것과 같습니다. 행복의 나머지 반은… 주위에 있는 모든 것을 사랑하면 됩니다.

— 초한

✤

가장 강한 인간은 그 마음을 조정할 수 있는 인간인 것이다.

— 탈무드

✤

습관의 고리는 일반적으로 너무 작아서 깨닫지 못하다가, 그것을 깨뜨려 버리기에는 너무 강해진 후에야 발견됩니다. 그것은 처음에는 거미줄이지만 마침내 강철줄이 되는 것이 습관입니다.

— 존슨

✤

자기 자신을 잘 알고 있는 사람은 더욱 총명한 사람이다.
그리고 남을 설득시킬 수 있는 사람은 강한 사람이다.
그러나 자기 자신을 이겨 내는 사람은 더욱 강한 사람이다

— 노자

✤

선생의 목적은, 자기의 의견을 학생에게 주입시키는 사람이 아니라 학생이 훌륭한 사람이 되도록 그의 마음에 꿈을 당기는 것이다.

— 로버트슨

✤

참나무가 단단한 뿌리를 내리도록 하는 것은 사나운 바람이다.

— 하버

모든 인간은 상호 작용이라는 피할 수 없는 그물 속에 갇혀 있다. 이것은 곧 인간 모두의 공통된 운명이다.

— 루터 킹

✤

우리가 직면한 모든 일을 변화시키지는 못한다. 하지만 부딪히지도 않고 변화시킬 수 있는 것은 이 세상에는 아무것도 없다.

— 볼드윈

✤

미국의 로키 산맥 산등성이에 있던 5백 년 된 나무가 어느 날 쓰러져 버렸다. 콜럼버스가 신대륙을 발견할 무렵에 심어진 이 나무는 영국의 청교도들이 이곳에 상륙할 때도 그 위용을 과시하던 나무였다. 거센 비바람과 폭풍우를 맞으며 살아왔고 번개를 수십 번씩이나 맞은 이 거목이 마침내 쓰러져 버렸다. 그것은 작은 흰개미들의 공격에 맥없이 쓰러져 버린 것이다.

— 포스딕

✤

장미꽃은 가시가 있다. 한 송이 장미꽃을 발견할 때 수많은 가시도 함께 발견하게 될 것이다. 그대가 가시를 피하려고만 한다면 결코 장미꽃은 얻지 못할 것이다.

— 라즈니쉬

✤

삶을 두려워하지 말라. 삶은 살아볼 만한 가치가 있는 것이라 믿어라. 그 믿음이 가치 있는 삶을 창조하도록 도와줄 것이다.

— 슐러

남들이 비난하는 사람에게서도 나는 많은 장점을 발견하며, 신으로 숭배되는 사람에게서도 나는 많은 죄와 단점을 발견한다. 나는 선을 긋기를 망설인다. 신은 양자 사이에 선을 긋지 않는다.

– 밀러

⚜

사랑 때문이라면 지금 하고 있는 일은 잠시 미뤄도 됩니다.

– 작자 미상

⚜

무슨 일을 하든 최선을 다하는 사람이 되어라. 설령 하수도 일꾼이 되는 한이 있더라도 세계 제일의 하수도 일꾼이 되어라.

– 케네디

⚜

풀밭에 난 잡초를 뽑아 거름을 만들 듯이 사람의 고민도 그 잡초와 같다. 뽑지 않고 내버려 두면 곡식을 해치지만 서둘러서 뽑아 버리면 곡식은 잘 자란다. 그리고 뽑은 잡초는 거름이 될 수 있다. 논이나 밭에 잡초가 나는 것을 막을 수는 없으나 뽑아 버릴 힘은 우리에게 있지 않은가.

– 『채근담』

인생이 거침없이 흘러갈 때 즐거운 마음을 갖는 것은 누구라도 할 수 있다. 그러나 훌륭한 사람은 무엇이든 그 모든 것이 역경에 빠져 있을 때, 그래도 쉴새없이 미소를 지으려고 애쓰는 사람이다.

― 윌콕스

❖

더 바랄 것 없이 풍족하다고 해서 그만큼 기쁨이 큰 것은 아니다. 모자라는 듯한 공간! 그 공간이 오히려 기쁨의 샘이다.

― 파스칼

❖

싸움에서 이기지 못했는가?
웃어 버려라.
권리를 무시당했는가?
웃어 버려라.
작은 비극에 절대로 사로잡히지 말라.
총으로 나비를 잡지 말라.
웃어 버려라.
일이 잘 완수될 수가 없었는가?
웃어 버려라.
자신이 궁지에 몰려 있다고 생각하는가?
웃어 버려라.
당신에게 무슨 일이 있건 간에
웃음과 같은 좋은 처방은 이 세상에 없다.
그럼 실컷 웃어 버려라.

― 엘리어트

지혜롭다는 것은 세상에서 훌륭한 일입니다. 그러나 기다릴 수 있다는 것은 더욱 훌륭한 일입니다.

- 석가

✤

내 비장의 무기는 아직 내 손 안에 있다. 그것은 곧 희망이다.

- 나폴레옹

✤

뽕나무 잎이 아름다운 비단으로 그 모습을 바꾸기 위해서는 반드시 시간과 많은 인내가 필요하다. 작은 새순이 자라 누에의 양식이 되고, 또다시 사람들의 수고로움을 거쳐 누에고치가 실이 되기까지는 참으로 오랜 인내의 시간이 필요한 것이다.

- 스마일스

✤

환경이나 일이 당신의 일생을 아름답게 붙들일 수 있지만 그 색의 선택권은 오직 당신에게 있다.

- 밀러

✤

친구는 곧 자유라는 말에서 유래되었습니다. 친구란 우리에게 쉴 만한 공간과 자유로움을 허락하는 사람입니다.

- 엘리슨

✤

작은 고뇌는 우리를 자기 자신 밖으로 끌어내지만 큰 고뇌는 우리를 자기 자신으로 되돌아가게 한다.

- 리히테르

세상의 모든 것을 맛보고자 하는 사람은
어떤 맛에도 결코 집착하지 말아야 한다.
세상의 모든 것을 알고자 하는 사람은
어떤 지식에도 결코 얽매이지 않아야 한다.
세상의 모든 것을 가지려고 하는 사람은
어떤 것도 결코 가지지 않아야 하며,
모든 것이 되고자 하는 사람은 어떤 것도 되지 않아야 한다.
자신이 아직 맛보지 않은 어떤 것을 찾으려면
자신이 알지 못하는 곳으로 가야 하고,
가지지 못한 것을 가지려면
자신이 가지지 않은 곳으로 가야 한다.
모든 것에서 모든 곳으로 가려면
모든 것을 떠나 모든 곳으로 가야 한다.
모든 것을 가지려면
어떤 것도 필요로 함이 없이 그것을 가져야 한다.

― 요한

❖

항상 매사에 감사하는 마음, 그것은 자기 아닌 다른 사람에게 보내는 감정이 아니라 실은 자기 자신의 평화를 위해서이다.

― 「논어」

❖

내가 어느 날 반드시 마주치게 될 재난은 내가 소홀히 보낸 어느 시간에 대한 보복이다.

― 나폴레옹

행복한 삶을 위한 필수 조건.
무언가 찾아서 할 것,
그리고 무언가 사랑할 것,
무언가 반드시 소망할 것.

― 에디슨

✤

많은 사람들이 성공하지 못하는 이유는 결코 성공의 길이 험난해서가 아니다. 목표를 향해 꿋꿋이 나아가지 못하기 때문이다. 낙숫물이 섬돌을 꿰뚫는 것은 물의 힘이 아니라 꾸준한 끈기의 결과인 것이다.

― 디즈레일리

✤

세상의 대부분의 사람은 성공을 눈앞에 두고 포기한다. 그들은 곧 게임의 마지막 순간에 포기한다.

― 페로

요즘 사람들은 사는 것이 아니라 단지 삶을 흉내 내고 있을 뿐이다. 나는 흉내를 내는 데 한평생을 바친 사람들을 숱하게 보아왔다. 그저 흉내나 내면서 하루하루를 허비하다가 더 이상 스스로를 속일 수 없게 되면 사람들은 자신의 타고난 팔자를 원망하기 시작한다. 그러나 팔자라는 게 도대체 뭔가? 그건 자신 스스로가 만드는 것이다.

— 고리키

⚜

인생은 곧 하나의 실험이다. 실험이 많아질수록 당신은 더 좋은 사람이 된다.

— 에머슨

⚜

세상의 위대한 사상은 반드시 '커다란 고통'이라는 밭을 갈아서 만들어진다. 갈지 않고 내버려 둔 밭에는 잡초만 무성할 뿐이다. 사람도 고통을 겪지 않으면 언제까지나 평범하고 천박함을 면하지 못한다.

— 칼 힐티

우리를 영원케 하는 한 마디 말

모든 일에 있어 상승세에 있을 때 사람들에게 친절을 베풀어라.
하강세에 있을 때 반드시 그들을 다시 만나게 되리니…….
― 미즈리

바람은 어린 나무에 세차게 몰아친다.
하지만 그것은 결코 그 어린 나무를 해치기 위한 것이 아니다. 땅속에 더 굳게 뿌리를 내리게 하기 위한 부드러운 손길이다.
― 작자 미상

로키산 언저리에는 두 갈래의 물이 동과 서로 흐르고 있는데 그 거리는 불과 몇십 미터이지만, 나중에는 수천 마일의 간격이 생긴다. 이와 같이 그 출발점에 있어서 방향을 어디로 잡았느냐에 따라 그 사람의 운명이 커다란 차이를 낳게 된다.
― 롱펠로

이 세상은 충분히 교육받았으나 실패한 사람들로 가득 차 있다.
끈기, 그리고 결단력, 그것이야말로 인생의 보석이다.
― 쿨리지

천재란 인내에 대한 위대한 자질 이외에는 아무것도 아니다.
― 뷔퐁

✤

나는 인생을 나팔꽃과 같다고 생각한다. 매일·매주·매월·매년 작은 새싹이 돋아나는 것을 따서 먹는다. 하지만 그것은 버리는 부분에 비하면 작아도 매우 귀중한 부분이다.
― 홈스

✤

위대한 업적은 힘이 아니라 마침내 인내로 달성된다.
― 존슨

✤

한번 곰곰이 생각해 보십시오. 당신이 언제 당신의 입김으로 작은 꽃 한 송이라도 피워 낸 적이 있었던가를. 언제 당신의 눈물로 땅에 이슬 한 방울 내리게 한 적이 있었던가를……
― 작자 미상

✤

우리가 하는 일이, 바다의 작은 물방울에 지나지 않는다는 것은 우리들 자신도 잘 알고 있습니다. 하지만 그 바다에 이 한 방울의 물이 없다면, 이 한 방울이 부족하게 됩니다.
― 테레사

✤

인생에서 운이라는 것은 큰 것이 아니었다. 더 열심히 일하다 보니 그만큼 운도 따르는 것이다.
― 제퍼슨

실패는 매우 고통스럽다. 그러나 최선을 다하지 못한 것을 깨닫는 것은 몇 배 더 고통스러운 일이다.

― 존슨

⚜

웃을 시간을 가지십시오.
이는 곧 영혼의 음악입니다.
생각할 시간을 반드시 가지십시오.
이는 곧 힘의 원천입니다.
놀 시간을 반드시 가지십시오.
이는 곧 영원한 젊음의 원천입니다.
책임감을 반드시 가지십시오.
이는 곧 지혜의 샘입니다.
사랑하고 사랑받는 시간을 가지십시오.
이는 곧 세상의 큰 힘입니다.
친구가 될 시간을 가지십시오.
이는 곧 행복으로 가는 길입니다.
남에게 뭔가를 줄 시간을 가지십시오.
이기적이 되기에는 짧은 하루입니다.
그리고 일할 시간을 가지십시오.
이는 곧 성공의 지름길입니다.

― 작자 미상

⚜

사랑하는 것을 가질 수 없을 때는 지금 가진 것을 사랑하라.

― 라부틴

언젠가 세상을 떠나기 전에 반드시 해야 할 일

1. 순례 여행을 떠나라.
   목적지는 성지나, 로마 등 유적지나 아마존처럼 천연 자연이 우거진 곳을 여행하라. 카메라 없이 푹 여행에 잠겨라.
2. 산에 올라라.
   정상에 오르면 거기가 정상이 아님을 배울 것이다.
   두렵지만 항상 새로운 존재가 당신을 기다린다는 것을 알게 된다.
3. 시를 읽고 암송하라.
   시를 읽는 동안 마음의 여유와 아름다움을 배울 것이다.
4. 적을 만드는 것을 결코 두려워하지 말라.
   불의에 맞서고 거짓에 대해 솔직히 말하며 어떤 목적을 위해서는 경쟁자를 철저하게 경쟁하라.
5. 누군가를 용서하라.
6. 거스를 수 없는 자연의 섭리가 있다는 것을 스스로 확인하라.
7. 한 번쯤은 자신의 생애 마지막이라고 생각할 만큼 훌륭한 식사를 즐겨라.
8. 사랑하는 사람을 예술 작품이 전시된 곳에 데리고 가라.
9. 낙하산이나 번지점프를 해보라.
10. 누군가 한 명쯤은 당신을 그리워하도록 할 수 있는 것만으로도 당신은 절반은 성공한 인생이다.

— 포브스지

인생에서 목표로 삼을 것이 두 가지 있는데 첫째는 자기가 원하는 것을 소유하는 것이고, 둘째는 그것을 즐기는 일이다. 세상에서 가장 슬기로운 사람만이 두 번째 목표를 달성할 수 있다.

— 스미스

✣

사람이 할 수 있는 일 중 제일 돈이 적게 드는 일은 다른 사람에게 잘 대해 주는 일이다. 그리고 누구에게나 항상 미소를 지으면서 인사하고 그를 믿는 일이다. 이것이야말로 인생에서 최고의 배당금을 가져다줄 것이다.

— 머피

✣

당신은 성공자가 되기 위해서는 일에 힘쓸 필요가 있다. 무엇인가를 이루지 않으면 견딜 수 없고, 그것을 위해서는 어느 것이나 아끼지 않는다는 마음이 되어야 한다. 그런 기분이 되어 산다는 것은 얼마나 멋진 일인가.

— 카네기

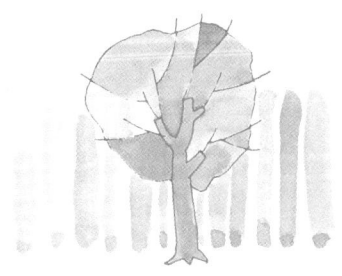

나는 어떤 여인으로부터 어느 날 감동적인 이야기를 들은 적이 있다. 그녀는 어렸을 때 어느 가게에서 사진 액자를 하나 골라 계산대에 오자 그 가게의 여점원이 웃으며 이렇게 말했다고 한다. "당신이 진실로 사랑하는 사람의 사진을 여기에 넣으세요. 그리고 그 사랑이 진실하다고 매일같이 말해 보세요"라고. 그녀는 처음에는 멋진 남자 사진을 넣어 두었으나 얼마 가지 않아 곧 싫증이 났고 다음에는 부모님의 사진을 넣어 두었다고 했다. 그러나 그녀는 이제는 다르다고 말했다. "요즘엔 그 안에 거울을 넣어 두었답니다. 늘 남에게만 신경을 썼지 나에게는 관심을 두지 않았거든요. 하지만 이제 알겠어요. 나 자신을 사랑할 사람은 나밖에 없다는 것을……."

— 쉐인

❖

세상에서 행동하는 사람이 많아질수록
말만 앞세우는 사람들은 그만큼 적어진다.
가능하다고 생각하는 사람이 많아질수록
불가능하다고 생각하는 사람은 그만큼 적어진다.
사람들 속으로 들어가서 거기서 무언가 하는 사람이 많아질수록,
남의 결점만 이야기하는 사람은 그만큼 적어진다.
어떤 것이 옳은가를 지적하는 사람이 많아질수록,
그릇된 것을 고집하는 사람들은 적어진다.
촛불을 켜는 사람이 많아질수록
이 세상의 어둠도 그만큼 사라지게 될 것이다.

— 작자 미상

노래 부르기를 좋아하는 사람은 자신이 어떤 환경에 놓여 있건 언제 어디서나 노래를 발견한다.

― 스웨덴 속담

✤

나는 대통령이 되는 것보다도 나의 생각이 올바르다는 것을 인정받는 것이 더 기쁩니다.

― 코헨

✤

그렇게 되었으면 하고 바라는 것 세 가지―맑음과 올바름과 성실
지배하고 싶은 것 세 가지―분노·혀·모든 행위
갖고 싶은 것 세 가지―용기·애정·온유
주고 싶은 것 세 가지― 곤경에 놓인 사람을 돕고, 슬퍼하는 사람을 위로하고, 훌륭한 사람을 칭찬하는 일

― 「대학」

✤

소박한 친구를 만나면 나의 속됨을 고칠 수 있고,
매사에 통달한 친구를 만나면 나의 치우침을 깨뜨릴 수 있고,
박식한 친구를 만나면 나의 고루함을 바로잡을 수 있고,
인품이 좋은 친구를 만나면 나의 속된 욕심을 떨쳐 버릴 수 있고,
성품이 차분한 친구를 만나면 나의 경망스러움을 다스릴 수 있고,
아무런 욕심 없이 깨끗하게 사는 친구를 만나면 사치스러워져 가는 나의 허영심을 깨끗이 씻어낼 수 있다.
그래서 친구는 모든 면에서 곧 나의 스승이다.

― 신흠

사랑은 그 자체로 만족을 줍니다.
사랑은 그 자체로 마음에 드는 것입니다.
사랑은 공로도 되고 상금도 됩니다.
사랑은 다른 이유나 열매를 필요로 하지 않습니다.
사랑의 열매는 사랑하는 것, 바로 그것입니다.
나는 사랑하기 때문에 사랑하고,
그리고 사랑하기 위해서 사랑합니다.

— 아파스

⚜

어떤 능력이 부족하기 때문에 다른 방법으로 유능하게 된 예는 얼마든지 있다. 공부를 못했기 때문에 운동 방면으로 노력하여 성공한 사람도 있고, 가정 형편이 어려워 대학을 중퇴한 후 몇 년 후에는 큰 상점의 주인이 된 사람들도 있다.

— 로렌스

⚜

세상에는 우리가 살아가는 동안에 절대로 미루어서는 안 될 일이 세 가지가 있습니다. 빚을 갚는 일, 용서를 구하는 일, 그리고…… 사랑을 고백하는 일입니다.

— 작자 미상

⚜

나를 사랑해 주는 사람은 내가 무엇을 했건, 또 앞으로 무엇을 하건 그것이 문제가 아니라 내가 내 자신을 사랑하는 것만큼 나를 사랑해 주는 사람이다.

— 말로

나는 술집에서 너의 건강을 위하여 끊임없이 마셨지.
나는 나의 집에서 너의 건강을 위하여 계속 마셨지.
나는 수없이 너의 건강을 위하여 마셨지.
그래서 나는 내 자신을 거의 다 마셔 버렸지.

― 작자 미상

❖

용서하는 것은 참으로 좋은 일이다. 그러나 잊는 것은 더욱 좋은 일이다.

― 브라우닝

❖

쾌락이란 마치 무지개 같은 것.
쾌락이란 그저 흐드러지게 핀 꽃과 같아서
꽃을 꺾으면 곧 시들어 버린다.
쾌락이란 그저 강물 위에 떨어지는 눈발 같아서
한순간 하얗게 빛나지만 곧 녹아 버린다.
쾌락이란 그저 여기저기 떠도는 민족 같아서
한동안 머무는 듯 보이지만 곧 떠나 버린다.
그리고 쾌락이란 그저 아름다운 무지개처럼
폭풍우 속에서 영원히 자취를 감추고 만다.

― 번스

❖

우리는 칭찬과 인정을 통해서 아이들의 활동 방향을 조종할 수가 있다.

― 콜

자기 자신을 사랑하는 것, 그것이야말로 평생에 걸친 로맨스의 시작이다.

— 와일드

✣

거짓을 숨길 곳은 이 세상의 어디에도 없다. 양심이 들여다볼 수 없는 곳은 세상 어디에도 없으니까……

— 페티

✣

세상의 모든 약점들 가운데 가장 큰 약점은 곧 자신이 약하다는 것을 두려워하는 것이다.

— 보쉬에

✣

어느 누구에게나 똑같이 주어지는 하루 스물네 시간이라는 시간, 그 시간은 누구에게나 똑같이 주어지지만 그것을 다이아몬드로 만드느냐, 숯으로 만드느냐는 오직 우리의 선택에 달려 있다. 삶은 결코 다이아몬드를 통째로 우리들에게 선물하지는 않는다. 단지 그 가꾸는 사람에 따라 다이아몬드가 될 수도 있고 숯이 될 수도 있다.

— 작자 미상

✣

큰 잘못을 저질러 보지 못한 사람을 최고 직책으로 승진시키는 따위의 일은 하지 않는다. 실수가 없는 사람은 무사안일주의로 지내 온 사람이기 때문이다.

— 드리거

무엇인가에 부족함을 느끼는 것은 사물 때문이 아니라 오직 그 사람의 정신에 달려 있기 때문이다.

— 세네카

✤

사랑은 사랑하고 있는 상대에 대한 우리의 끊임없는 관심이다.

— 작자 미상

✤

사람이 저지르는 실수 중에서 가장 큰 실수는 그 실수로부터 아무 것도 배우지 못하는 것이다.

— 포웰

✤

당신이 늘 외치는 "잠시 후"라는 시간은 당신의 생애에서 결코 찾아오지 않는다.

— 어거스틴

✤

미래가 불투명한 상황에서 드디어 희망은 빛을 발산한다. 예측 불가능한 상황에 놓여 있을 때 더욱더 희망을 신뢰하자.

— 에머슨

사랑이란 내가 원하는 대로 당신이 변화되기를 바라는 것이 아니라 당신을 당신 자신으로, 그리고 당신의 본질로, 당신의 고유한 특성으로, 당신의 본래의 아름다움으로, 당신 스스로 되돌아가도록 이끌어 주고자 하는 소망의 과정이다.

— 버스카글리아

⚜

행복은 기운이 몹시 약했지만, 불행은 몸이 튼튼하고 기운이 세었다. 그래서 불행은 행복을 보기만 하면 못살게 굴었다. 불행의 등살을 이기지 못한 행복은 여기저기 피해 다니다가 마침내 하늘로 올라가게 되었다. 하늘로 올라간 행복은 제우스신에게 사실을 털어놓았다. 제우스신은 골똘히 생각한 끝에 이렇게 말했다. "행복이 모두 이곳에 있으면 불행 때문에 고생하지는 않을 것이다. 그러나 세상 사람들은 행복이 좋아서 계속 기다리지 않느냐. 따라서 여기서만 살 수도 없는 노릇이니, 행복이 땅에 내려갈 때 한꺼번에 내려가지 말고 갈 곳을 미리 정해 두었다가 행복을 얻을 수 있는 사람에게 내려가도록 해라." 이런 이유로 세상에는 불행이 가득한 반면에 행복은 찾아보기 힘들게 되었다.

— 이솝

⚜

나는 내 가슴에 '통행금지'라고 썼다.
그러나 사랑은 지나가며 웃었다.
그리고 소리쳤다.
"여보게, 나는 어디든 들어간다네."

— 시프먼

내 할아버지는 세상에서 두 부류의 사람이 있다고 말씀하셨지요.
첫째는 끊임없이 노력하는 사람들과 그리고 그것을 가로채려고
하는 사람들이 있다고. 할아버지는 늘 제게 첫번째 부류에 들 수
있도록 항상 노력하라고 말씀하셨지요. 그곳은 언제나 경쟁이 덜
치열하다면서…….

― 간디

✤

당신의 아름다움과 장점을 찾아 주려고 하는 사람,
당신의 결점을 고통으로 여기는 사람,
당신의 즐거움을 반가워해 주는 사람,
온갖 일에 당신을 대신해 주며
세상과 당신의 사이를 결합시켜 주는 사람들을
벗으로 삼아야 한다.
형편이 좋지 않더라도 찾아 주는 사람,
때로는 화를 내며 충고하는 사람, 이런 사람을 친구로
삼아야 한다.

― 카네기

✤

소망은 반드시 실현될 것을 마음으로 믿지 않는 한, 그것을 받아
들이는 마음의 준비를 할 수 없다. 즉 희망이나 기대가 아닌 '신
념'을 가지는 것이 매우 중요하다. 또 동시에 항상 마음에 여유를
가지는 것도 매우 중요하다. 신념은 물론이거니와 성의와 용기도
마음이 초조하면 발휘하기 어렵다.

― 힐

사랑받지 못하는 것은 슬프다. 그러나 사랑할 수 없는 것은 더 슬프다.

— 우나무노

⚜

행동이라는 씨앗을 뿌려라.
그러면 습관을 수확할 수 있다.
습관이라는 씨앗을 뿌려라.
그러면 인격을 수확할 수 있다.
인격이라는 씨앗을 뿌려라.
그러면 운명을 수확할 수 있다.

— 술러

⚜

성실하고 부지런한 마음으로 또한 행복하게 되려는 뜻을 세워, 삶의 과정에서 온갖 곤란을 극복하고 잘못된 것을 바로잡아 최후에 도달하는 곳이 바로 '천국'입니다.

— 올코트

⚜

인생은 수고를 많이 기울이지 않는 자에게 결코 혜택을 베풀지 않는다.

— 호라티우스

⚜

미련 없이 불태웠을 때 남는 건 새하얀 잿가루뿐이야. 그래, 최후의 순간까지 다 불태워 버리겠어. 아무런 후회 없이 말이야!

— 조

상대에게 받은 상처는 곧장 모래에 기록하라. 그리고 받은 은혜는 대리석에 새겨라.

- 프랭클린

✣

노력 없이는 세상에서 결코 보다 나은 사람이 될 수 없다. 신의 왕국은 노력에 의하여 파악된다. 이것은 결국 악으로부터 벗어나 선인이 되기 위하여 곧 노력이 필요하다는 것을 의미한다.

- 톨스토이

✣

나를 변형시키고 싶지도 않다. 거대한 괴물이기보다는 조금은 작더라도 '나' 이고 싶다. 조금씩 자랄 수는 있겠지만 결코 기형아를 만들고 싶지는 않다. 나는 다만 나를 찾고 싶을 뿐이다.

- 바테스

✣

밝아 오는 하루에 대하여 경건한 마음을 가져라. 1년 뒤에, 또는 10년 뒤에 내가 어떻게 될까? 라는 생각은 접어두어라. 오늘 바로 오늘 이 시간만을 생각하라.

- 롤먼

✣

인생에서 야심과 목표를 갖고, 하는 일에 완벽을 기하고자 하는 것은 매우 좋은 일이다. 하지만 자신의 목표를 추진하는데 있어 사람들에게 친절하고 예의바르게 대하는 것에 방해가 된다면 그것은 큰 잘못이다.

- 슐러

장애물에 부딪혀 넘어지고 실패하는 것은 결코 부끄러운 일이 아닙니다. 실패 역시 꿈에 속하는 것이기 때문입니다.

― 슈레더

⚜

삶은 곧 부메랑이다. 우리들의 생각·말·행동은 언젠가 틀림없이 되돌아온다. 그리고 희한하게도 우리 자신을 그대로 명중시킨다.

― 스코벨 쉰

⚜

어떤 노인이 뜰에서 묘목을 심고 있었다.
그곳을 지나던 한 나그네가 그에게 물었다.
"어른께서는 그 나무에서 열매를 수확하려면 얼마쯤 기다려야 한다고 생각하십니까?"
"한 50년 정도는 지나야겠지요."
"그럼, 그렇게 오래 사실 수 있으시겠습니까?"
"아니오. 내가 세상에 태어났을 때 과수원에는 이미 많은 맛있는 열매가 열려 있었지요. 그것은 내가 태어나기도 전에 나의 할아버지가 나를 위해서 묘목을 심었기 때문이었소. 지금 내가 하는 이 일도 그와 같은 것일 뿐이지요."

― 마빈 토케이어

⚜

삶을 배신하는 죄가 있다면, 그것은 자신의 삶이 아닌 다름 삶을 희망하면서 지금의 삶을 피해 가려고 하는 것이다.

― 카뮈

믿어라. 그러면 곧 그 믿음이 맞을 것이다.
의심하라. 그러면 곧 그 의심이 맞을 것이다.
유일한 차이는 믿는 것이 훨씬 더 유리하다는 점이다.

― 제임스

⚜

돈으로 살 수 있는 것은 삶의 껍데기일 뿐 알맹이는 살 수 없다.

― 가보그

⚜

우리 모두의 불행을 한 곳에 모아 쌓아 놓고 사람들에게 가장 가볍게 보이는 불행을 가져가라고 하면, 모두 자신의 불행을 찾아서 만족스럽게 떠날 것이다.

― 소크라테스

⚜

희망은 시련 속에서 더욱 굳건해진다. 비록 고통을 받는다고 절망하는 것은 비겁한 일이며, 그 고통이 아무리 심하다 하더라도 절망에 몸을 맡기는 것은 가장 소심하고 한심한 일이다.

― 세르반테스

지금은 당신에게 주어진 유일한 시간이다. 뜻을 가지고 살아라, 사랑하라, 그리고 일하라, 오늘 할 일을 내일 하려고 미루지 말라. 왜냐하면 내일이 당신에게 찾아오기 전에 시계의 바늘이 멈추게 될 수도 있기 때문이다.

— 켄들러

✢

세상의 사람들은 두 개의 '나'로 이루어져 있습니다. 즉 '생각하는 나'와 '행동하는 나'로 이루어져 있지요. 그러나 이들 둘은 각기 다른 역할을 합니다. '행동하는 나'는 '생각하는 나'의 주문을 항상 그대로 실천합니다. 그러나 문제는 '생각하는 나'가 인내심이 없어서 늘 '행동하는 나'에게 제대로 기회를 주지 않는다는 것에 있습니다.

— 카르쉬너

✢

남은 삶이 내게 무엇을 주겠습니까? 라고 묻기보다는 '이제 삶을 향하여 내가 무엇을 줘야 합니까? 라고 묻는 것이 더욱 낫다.

— 린저

✢

삶에 함께 참여하고 있음을 느끼고, 난관에 부딪혔을 때 서로 힘을 북돋워 주고, 고통스러울 때 서로 의지하는 것, 그리고 생의 마지막 순간 말없이 고요한 기억 속에서 하나가 되어 둘이 함께 살아왔음을 느끼는 것보다 인간의 영혼을 위해 더 중요한 것이 무엇이겠는가?

— 엘리어트

큰일을 이루기 위해 힘을 주십시오라고 간절히 기도했더니
겸손함을 배우라고 나에게 연약함을 주셨다.

많은 일을 해낼 수 있는 건강을 구했더니
보다 가치 있는 일을 하라고 나에게 병을 주셨다.

행복해지고 싶어 부유함을 기도했는데
지혜로워지라고 나에게 가난을 주셨다.

세상 사람들의 칭찬을 받고자 성공을 기도했더니
뽐내지 말라고 나에게 실패를 주셨다.

삶을 누릴 수 있게 모든 걸 갖게 해 달라고 간절히 기도했더니
모든 걸 누릴 수 있는 삶을 선물로 주셨다.

기도 드린 건 하나도 주시지 않았지만
내 소원을 모두 들어 주셨다.

하나님의 뜻을 따르지 못하는 삶이었지만
내 마음 속에 표현하지 못한 기도는 모두 들어 주셨다.

나는 세상에서 가장 축복받은 사람이다.

— 프란체스코

내가 던지는 이 세 가지의 질문에 대답할 수 있는 삶을 살아라.
만일 당신이 자신을 돌보지 않는다면 누가 당신을 돌볼 것인가?
만일 당신이 자신만 돌본다면 당신은 남과 다른 점이 무엇인가?
만일 지금 좋은 일을 하지 않는다면 언제 그것을 할 것인가?

- 힐렌

⚜

인간이 세상을 '산다'는 것은 그저 '존재한다'는 것이 아니고 '잘 존재한다'는 것을 뜻한다.

- 가세트

⚜

당신은 인생의 매일매일을 등산할 때처럼 살아라. 이따금 산꼭대기를 쳐다보는 것처럼 목표를 명심해라. 하지만 다른 계곡에 오를 때마다 주위에 있는 아름다운 경치를 구경하라. 그리고 천천히 여유 있게 오르면서 자신에게 주어진 순간을 마음껏 즐겨라. 그러면 당신은 산꼭대기에 올랐을 때 가장 아름다운 경치를 구경하게 될 것이다.

- 멜처트

⚜

나에게는 강한 적이 하나 있었다. 나는 그가 누구인지를 알아내기 위하여 무척 노력하였다. 그러던 어느 날 나는 마침내 그를 꼭 붙잡았다. 그리고 그의 가면은 벗겨 냈다. 나는 드디어 그의 얼굴을 보게 된 것이다. 하지만 그는 바로 나였다.

- 작자 미상

두려움은 적게, 희망은 더 많이, 한숨은 적게, 심호흡은 더 많이,
잡담은 적게, 대화는 더 많이, 미움은 적게, 사랑은 더 많이,
그러면 반드시 모든 좋은 일들이 당신에게 일어나리라.

— 작자 미상

✤

우리를 도와주는 손이 우리를 위하여 기도하는 입보다 성스럽다.

— 잉거솔

✤

이 세상은 짧은 기억력밖에 지니고 있지 않으므로 세월의 흐름에 따라 우리들에 대한 기억은 완전히 사라져 버릴 것이며, 묘비에 새겨진 우리 이름도 곧 바람과 비로 씻겨 버리고 말 것이다.

— 매클래런

✤

많이 가졌다는 이유만으로 사람은 그다지 행복해지지 않는다는 것이다. 하지만 자신이 가지고 있는 것에 만족하는 사람은 아주 많은 것을 가지고도 만족하지 못하는 사람보다 몇 배나 더 행복하다고 한다.

— 작자 미상

톨스토이 인생론
인생을 어떻게 살 것인가

- 2012년 11월 10일 초판 1쇄 발행
- 2016년 7월 15일 초판3쇄 발행

- 지 은 이 톨스토이
- 옮 긴 이 유명우
- 펴 낸 이 박효완

- 펴 낸 곳 아이템북스
- 출판등록 2001년 8월 7일 제2-3387호
- 주   소 서울특별시 마포구 서교동 444-15

※ 파본이나 잘못된 책은 교환해 드립니다.